O BARQUINHO VAI...
ROBERTO MENESCAL E SUAS HISTÓRIAS

Bruna Fonte

Nº Cat.: 54-L

Irmãos Vitale S.A. Indústria e Comércio
www.vitale.com.br
Rua França Pinto, 42   Vila Mariana   São Paulo   SP
CEP: 04016-000 Tel.: 11 5081-9499 Fax: 11 5574-7388

© Copyright 2010 by Irmãos Vitale S.A. Ind. e Com. - São Paulo - Brasil
Todos os direitos autorais reservados para todos os países. *All rights reserved.*

CRÉDITOS

Revisão de texto
Marisa Fonte

Revisão ortográfica
Marcos Roque

Fotos
Acervo pessoal de Roberto Menescal (exceto as com indicação)

Projeto de Capa
Luciana Mello e Monika Mayer

Projeto gráfico e diagramação
Maurício Biscaia Veiga

Coordenação editorial
Roberto Votta

Gerente de projeto
Denise Borges

Produção executiva
Fernando Vitale

CIP-BRASIL. CATALOGAÇÃO NA FONTE
SINDICATO NACIONAL DOS EDITORES DE LIVROS - RJ.

F764b

Fonte, Bruna, 1991-
   O barquinho vai... : Roberto Menescal e suas histórias / Bruna Fonte. - São Paulo : Irmãos Vitale, 2010.
   140p.

ISBN 978-85-7407-301-9

   1. Menescal, Roberto, 1937-.
   2. Compositores - Brasil - Biografia.
   3. Bossa-Nova - História e crítica.
     I. Título.
     II. Título: Roberto Menescal e suas histórias.

10-4204.   CDD: 927.8164
                                                                                  CDU: 929:78.067.26

24.08.10   25.08.10   021038

Agradeço à vida, que me deu a alegria de poder viver até hoje de minha arte, e a você, Bruna, por ter tido a sensibilidade de tornar esta simples história num livro.

Roberto Menescal

A Roberto Menescal, que ao abrir o livro de sua
vida permitiu que eu escrevesse estas histórias.

Bruna Fonte

Por que resolvi escrever sobre você

29 de janeiro de 2010.
Alô, Bruna:
Até hoje, você não me contou o porquê
de escrever sobre mim!
Abs.,
Menescal

■

Menescal:
Quando entrevistei Oswaldo Montenegro, ele me disse: "Você não pode conhecer Roberto Menescal e continuar igual ao que era antes de conhecê-lo". E assim aconteceu, em junho de 2008, quando entrevistei você pela primeira vez.

Comecei a entrevista seguindo a pauta que havia elaborado, falando somente sobre bossa-nova, mas em poucos minutos, a entrevista se tornou uma conversa. Fiquei impressionada com seu modo de ver a vida, de pensar e com tudo que descobri sobre o seu trabalho (como a maioria das pessoas, eu não tinha conhecimento dos outros trabalhos que você fez – e faz até hoje –, além daqueles que foram feitos lá no início da bossa nova). Além disso, nessa entrevista, aconteceu algo decisivo na minha carreira. Você começou a falar sobre a importância de se seguir um sonho e contou que decidiu ser músico por incentivo do Tom Jobim. Essa história fez com que eu parasse para pensar na minha vida e me fez decidir não tratar a literatura como um simples hobby – como planejando –, mas continuar seguindo o sonho que me acompanhava desde a infância: ser uma escritora.

Nos dias que se seguiram, procurei livros, entrevistas e tudo o que falasse sobre você, a fim de conhecer um pouco mais a sua vida. Percebi que a maioria dos livros, sites e outras fontes abordavam somente a bossa nova, e não mencionavam todos os outros trabalhos incríveis que você fez. Pensei: "Não é possível que ninguém tenha escrito um livro sobre a vida do Menescal". Daí surgiu a ideia de escrever um livro sobre você, que falasse sobre bossa nova, mas também sobre toda a sua trajetória e mostrasse, além do compositor de "O barquinho", o Menescal produtor, amigo, admirador da natureza... Resumindo: um livro que mostrasse também a pessoa por trás da bossa nova. Além disso, o livro seria um "presente" para você que, ao contar sua história, fez com que eu definisse a minha.

Assim que tive a ideia, liguei para você e falei um pouco sobre meu projeto. Você me perguntou:
– Mas você acha mesmo que alguém vai querer ler um livro com as minhas histórias?
– Tenho certeza – respondi.
– Topei – foi sua resposta imediata.

Não esperava que você aceitasse tão rápido a minha proposta e devo dizer que isso me deixou muito surpresa, pois você confiou em mim e no meu trabalho, mesmo sem me conhecer ou saber de que forma eu apresentaria o projeto. Nos meses que se seguiram, passei tardes incríveis – as quais jamais serão esquecidas – ouvindo suas histórias, entrevistando seus amigos, familiares, pesquisando sobre você.

Durante o período em que escrevi este livro, fui descobrindo aos poucos uma pessoa formidável e me senti privilegiada em poder ter esse contato com você, conhecer histórias que até então poucas pessoas conheciam, as quais eu agora divido com o leitor. Poder escrever sobre você e ainda passar algumas horas em sua companhia foi um dos maiores presentes que eu já recebi. Trabalhar com você foi, está sendo e será sempre uma experiência maravilhosa.

Obrigada por ter dividido as suas lembranças, ideias e pensamentos comigo. Além de ter aprendido muito, esse "convívio à distância" fez com que muitas vezes eu parasse para refletir sobre as coisas que você falava, sobre as coisas que haviam acontecido com você e aplicasse suas ideias à minha própria vida. Tenho certeza que as suas histórias farão bem às pessoas. Farão com que parem para refletir sobre a sua própria vida, assim como aconteceu comigo. E hoje, um ano e meio após o início dessa trajetória, terminamos aqui uma fase dessa história que, tenho certeza, está só começando.

Abs.,
Bruna Fonte
Fevereiro de 2010

O fogo da amizade

Não é necessário completar nenhuma linha do livro da Bruna com informações novas. Acho que ali está a pessoa que conheci de um lado da mesa, terminamos ficando do mesmo lado, no momento que eu mais precisava ele esteve comigo. Sim, é uma das pessoas mais talentosas que conheci. Sim, fez uma revolução na música. Sim, foi um excelente executivo. Sim, voltou para a estrada quando todos estavam se aposentando. Sim, continua mais criativo que nunca. E isso conta? Muitíssimo. Mas o que conta mais é sua atitude sempre ética, humana, colocando a amizade acima de tudo. Tive o privilegio de conhecê-lo em um momento muito importante de minha vida. Se não fosse ele e uma amiga, seguramente não estaria vivo hoje. Se estivesse vivo, seria uma pessoa deprimida, infeliz, frustrada. Portanto, não há nada neste mundo que pague o que Menescal fez por mim quando eu já não sabia o que fazer de mim mesmo.

Cada vez que estou em um país diferente, ele está comigo através de suas músicas. Cansei-me de telefonar no meio de um jantar, de uma reunião, de uma conversa, porque seu trabalho universal tem levado o nome do Brasil aos quatro cantos do mundo. Mas ele não está comigo apenas na sua música; está no meu coração. E a esse propósito gostaria de contar uma história que simboliza isso.

Era uma vez um homem pobre, mas corajoso, que se chamava Ali. Trabalhava para Loic, um velho e rico comerciante. Certa noite de inverno, disse Loic: "Ninguém pode passar uma noite assim no alto da montanha, sem cobertor e sem comida. Mas você precisa de dinheiro, e se conseguir fazer isso, receberá uma grande recompensa. Se não conseguir, trabalhará de graça por trinta dias".

Ali respondeu: "Amanhã cumprirei esta prova". Mas ao sair da loja, viu que realmente soprava um vento gelado, ficou com medo, e resolveu perguntar ao seu melhor amigo, Amir, se não era uma loucura fazer a aposta. Depois de refletir um pouco, Amir respondeu: "Vou lhe ajudar. Amanhã, quando estiver no alto da montanha, olhe adiante. Eu estarei também no alto da montanha vizinha, passarei a noite inteira com uma fogueira acesa para você. Olhe para o fogo, pense em nossa amizade e isso o manterá aquecido. Você vai conseguir e depois eu lhe peço algo em troca".

Ali venceu a prova, pegou o dinheiro e foi até a casa do amigo: "Você me disse que queria um pagamento". Amir agarrou-o pelos ombros: "Sim, mas não é em dinheiro. Prometa que, se em algum momento o vento frio passar por minha vida, acenderá para mim o fogo da amizade".

Tenha certeza, Menescal, que todos nós que temos a alegria e a honra de sermos seus amigos, estaremos sempre prontos para acender esse fogo quando for necessário. Você sempre fez isso pela gente.

Paulo Coelho

E foi assim que tudo começou...

Sou capixaba, mas meu pai foi transferido quando eu tinha três anos de idade. Minha família se mudou para o Rio e ficamos morando no Jardim Botânico. Chegamos ao Rio em uma época difícil. Por causa da guerra, faltava um monte de coisas, faltava comida e tal.

Quando eu tinha uns 11 anos, meu pai comprou um apartamento em Copacabana e isso foi muito legal para mim, porque alguns anos depois começaram a aparecer vários músicos que chegaram antes da gente, como Johnny Alf, Tito Madi, Lúcio Alves e outros que tocavam nas boates. Então, aos 17 anos, comecei a dar uma "fugida" para esses lugares, para saber que música nova era aquela que tava pintando. Por acaso, eu estava ali na hora certa (aliás, eu tive várias horas certas na vida!) e foi vital estar ali naquele momento. Logo depois, influenciados por essa nova música, começamos a buscar uma música que tivesse mais a ver com a nossa geração e foi aí que surgiu a bossa nova.

■

Meu pai era engenheiro e preparou a gente para seguir o mesmo caminho, porque ele achava que arquitetura e engenharia eram o futuro do Brasil. Os meus dois irmãos mais velhos, Bruno e Ricardo, e o mais novo, Renato, se formaram em arquitetura. Eu comecei a estudar para também entrar na faculdade de arquitetura, mas depois pensei: "Pô, na verdade não estou muito empolgado com arquitetura, eu estou empolgado com música, mas vou procurar algum trabalho que eu possa depois largar para ir para a música".

Decidi tentar entrar para o Banco do Brasil ou para a Marinha, porque pensei que se entrasse em um desses lugares, já teria uma segurança maior e poderia sair quando quisesse. Então comecei a estudar para a prova da Marinha e para o concurso do Banco do Brasil.

O Banco do Brasil foi o primeiro que descartei. Fiz os exames, passei em todos. O último era datilografia, que eu tirava de letra. Fui fazer a prova de datilografia em um domingo e fiquei vendo os caras do Banco – que estavam organizando os exames – de terno e gravata trabalhando no domingo... Quando chegou a minha vez de fazer a prova, saí da fila e fui embora. Eu disse: "Não quero isso. Não é o que eu quero pra mim".

Logo depois, conheci o Tom Jobim e decidi ser músico. Quando contei isso em casa, foi aquele baque. Imagina! Meu pai não entendeu nada e ficou preocupadíssimo comigo.

Então foi isso. Na verdade, tive coragem de largar tudo e tentar outro rumo que não era o previsto para mim e para o resto da família, e resolvi ser músico!

Menescal e a música

Tenho uma vida muito completa. Pô, que sorte eu tive na minha vida! Sou músico!

Foi a música que me escolheu

Na verdade, não escolhi ser músico. Acho que foi a música que me escolheu.

Quando tinha 11 anos de idade, meu pai deu para mim e para o meu irmão uma gaitinha de plástico, dessas bem porcarias, que se usa em chaveiro. Quando ele chegou do trabalho, à noite, eu estava tocando a música "Oh! Susana", enquanto meu irmão não tocava nada! Meu pai me perguntou quem havia me ensinado a tocar e eu disse que ninguém havia me ensinado, mas que queria tocar e consegui. Então, ele percebeu que eu tinha jeito para a música e o meu irmão não. Logo depois, ele me colocou para fazer aula de piano, mas não segui, porque quem me ensinava era uma tia e ela era muito rígida: sempre que eu tocava uma nota a mais, ela batia no meu dedo. Eu gostava de Chopin, mas sempre tocava umas notas a mais e ela dava uma varetada no meu dedo. Aí, como não quis mais levar varetadas, acabei largando o piano. Depois, fui tocar um pouquinho de acordeão, porque era um instrumento que eu poderia levar para outros lugares. Mas aos 17 anos, descobri o violão e foi paixão eterna.

> Meus pais não queriam de jeito nenhum que eu fosse músico. Meu padrinho me deu um violão, mas nem pensar em ter aula. Aí, quando a Nara Leão estava com uns 14 anos de idade, começou a ter aulas com um cara bem "das antigas" chamado Patrício Teixeira e me chamou para assistir às aulas dela. Embora ele passasse umas músicas do tipo: "vento que balança as paias do coqueiro, encrespa as águas do mar...", eu fui aprendendo os acordes e deu para ter uma base de música.

Onze anos de idade + três de piano

Conheci a Nara muito cedo. Na época, eu ainda tinha um acordeãozinho em casa e nem pensava em tocar violão.

Tinha minha turminha de praia – o pessoal do Posto 4, de Copacabana – e, como sempre, a turma era composta de vinte garotos e quatro meninas. Três amigos dessa turma eram filhos da Mara Rúbia, uma grande artista do teatro rebolado. Eles moravam em Copacabana, num apartamento que tinha um salão grande fechado em cima. Perto do meu aniversário, a Mara falou pra mim:

– Você vai fazer 15 anos. Faça uma festa aqui em casa! (Fiquei animado porque os meus pais não davam festas, não queriam saber dessas coisas.)

– Poxa, pode mesmo? A gente pode colocar um sonzinho lá em cima, né?

– Claro! Aí, vocês trazem umas coisinhas pra comer.

Mas como fazer? Eram vinte garotos e só quatro meninas! Não dava pra fazer uma festa assim. Eu falei pros meus amigos:

– Podem deixar, que eu vou sair convocando umas meninas.

– Onde?

– Não sei!

O colégio que eu estudava ficava uns quatro quarteirões da minha casa. Então, eu saía do colégio e voltava pra casa a pé. Vi umas meninas do outro colégio e então cheguei até elas e disse:

– Vocês sabem quem eu sou? (Eu achava que era muito conhecido, né?) Olha, eu vou fazer 15 anos, vai ter uma festa...

E assim foi, até que um dia eu vi a Nara e outra menina atravessando a rua. Saí correndo e falei pra Nara:

– Oi, você sabe quem eu sou?

– Não, não sei.

Aí, eu fiquei meio sem graça e expliquei:

– É que eu sou aqui da turma do Posto 4. Vou fazer aniversário... E assim convidei as duas meninas para a festa.

– Ah, tudo bem, nós vamos – ela disse.

A essa altura, eu já estava mais sossegado, porque tinha umas vinte e poucas meninas. No dia da festa, todos os meninos estavam de terno, as meninas com aqueles vestidos.

Com Nara Leão (1953)

Era muito engraçada a "transformação" das meninas, porque nós estávamos acostumados a vê-las com o uniforme do colégio, aqueles sapatinhos e tal. De repente, quando elas chegavam à festa, com aqueles vestidos de baile e de salto alto, a gente até levava um susto. Olhava com cara de espanto e elas perguntavam:

– Você não está me reconhecendo?

– Estou, mas é que eu tô surpreso!

Aí, a Nara chegou, bem vestida, muito bonitinha. Nós começamos a dançar e, de repente, chegou um cara e falou:

– Essa menina é muito menininha...

– Não, ela deve ter uns 14 anos.

– Não, ela tem 11 anos.

– Onze?! Não, não pode ser!

– Ela é bem desenvolvida, mas tem só 11 anos.

Aí, fui conversar com ela e vi que estava muito à nossa frente, porque a Nara tinha uma cultura impressionante. Perguntei o que ela fazia além do colégio e ela respondeu que estudava piano há três anos. E tudo o que ela dizia, eu ficava somando com a idade dela: 11 anos + três de piano... Eu não acreditava que ela pudesse ser tão novinha. Mas, embora ela fosse tão jovem, ficamos muito amigos e foi assim que a gente começou uma amizade muito legal.

A amizade da Nara foi muito importante, porque ela me abriu demais a cabeça. Por exemplo: eu nunca tinha ouvido falar em jazz, não conhecia nada. Foi ela, com 11 anos, quem me ensinou a ouvir jazz.

■

Ficamos muito próximos, até o fim, principalmente no fim, porque quando soube do seu pouco tempo de vida, larguei tudo pra ficar perto dela e fiquei junto até o último dia. Os médicos deram a ela três meses de vida – tanto no Brasil quanto em Houston – e depois disso, ela viveu mais quatro anos. Nesse tempo, fizemos três discos e mais algumas dezenas de shows juntos. Um bruxo que cuidava dela disse:

– Ninguém pode dizer que ela tem três meses de vida. Ela tem o tempo que ela quiser. É difícil e é duro, mas se ela quiser viver até os cem anos, ela vai viver. Quando ela estava perto do fim, ele disse:

– Agora, ela desistiu de viver.

Chegamos a namorar um pouquinho, quando ela estava com uns 14 anos. No filme Singin' in the rain tem uma cena em que começa a chover e eles cantam na chuva. Aí, teve um dia que eu e Nara saímos do cinema, estava chovendo, eu peguei Nara pela mão e saímos cantando "Singin' in the rain". No dia seguinte, estávamos os dois doentes, com uma febre danada! Aí, acabou toda a poesia do momento.

E tudo começou ali, com 11 anos de idade + três de piano.

O clube da bossa

Comecei a tocar violão com 17 anos e, por acaso, a Nara também começou nessa mesma época. Estávamos de férias. Fui a Vitória (ES) e a Nara viajou a Campos do Jordão (SP). Na volta das férias, quando nos encontramos, eu estava começando a tocar e ela também. Começamos a tocar juntos e sempre que dava certo, a gente se reunia no final da tarde ou à noite para tocar. Nisso, outras pessoas começaram a chegar: Carlinhos Lyra, Ronaldo Bôscoli; aos poucos foi se formando um grupo que frequentava a casa da Nara quase todos os dias. O clube era lá.

A Nara morava em um apartamento na avenida Atlântica, em Copacabana, que tinha uma grande janela de frente para o mar. Ali nasceram várias das nossas músicas. Carlinhos chegava lá com duas músicas, sentava com o Ronaldo e fazia mais música. Aí chegava Oscar Castro Neves e fazia uma música com outro cara... A casa da Nara foi o nosso clube durante muito tempo. Até que Nara brigou com Ronaldo, porque ele "deu uma namoradinha escondido" na Maysa. Quando eles voltaram da Argentina, a imprensa noticiou e todo o mundo ficou sabendo.

No apartamento de Nara Leão ensaiando para o show A noite do amor, o sorriso e a flor com Nara, Bebeto e Dori Caymmi (1960)

A Nara brigou com o Ronaldo e, por consequência, com a bossa nova. Naquela época, a bossa nova não podia viver sem o Ronaldo, pois ele era o letrista, o jornalista, o cara que divulgava a gente. Ela brigou com a bossa nova inteira e acabou o clube da bossa nova ali na casa da Nara. Mas ao mesmo tempo, isso aconteceu no ano que fomos para os EUA tocar no Carnegie Hall e cada um acabou ficando em um lugar do mundo.

> A gente se encontrava tanto! Hoje, as pessoas se falam pela internet, mas nós nos víamos todos os dias. Então, cada um trazia uma novidade: um acorde novo, uma música nova, uma letra nova ou um caso novo. Era muito engraçada a vida da gente. Nós éramos felizes e sabíamos, só não sabíamos o quanto éramos.

O universo todo conspirou

Pode ser que as músicas da bossa nova pareçam ter sido elaboradas com muito cuidado, mas tudo era tão natural que ninguém elaborava música nenhuma. Elas vinham de uma maneira incrível! Como o Paulo Coelho sempre diz: "o Universo todo conspirou" para que aquilo acontecesse naquele momento. Fazíamos música de uma maneira tão simples que até ficávamos envergonhados. Quantas vezes cantores pediam para que eu fizesse uma música e eu dizia:

– Eu faço, mas preciso de uns dez dias.

Aí, eu fazia a música no mesmo dia e guardava na gaveta pra não parecer que era tão fácil assim. Era tão natural! Foi um momento do mundo que nos deu a chance de fazer as coisas com uma naturalidade que talvez não exista mais hoje.

> Imagina só você com 20 anos, cantando "Se eu morresse amanhã de manhã, minha falta ninguém sentiria...". Não dava para um jovem, cheio de esperança, de vontade e de vida, cantar isso aí, né? Nós fomos a primeira geração a usar a praia em todo o seu esplendor: A gente surfava, jogava vôlei, futebol, namorava... A praia era o nosso clube e não poderíamos estar na praia cantando aquelas músicas pesadas.

Bossa-nova: diversas influências

A bossa-nova é uma mistura de ritmos que a gente ouvia: o samba-canção que se fazia nos anos próximos à bossa nova, que já era um samba-canção um pouco mais moderno em termos de harmonia e melodia; o jazz, porque era uma música jovem na época, feita por músicos norte-americanos bem jovens e que trazia com a música uma nova atitude perante a vida (o modo de se vestir, o modo de agir); o samba – mas a gente não sabia nem tocar o samba direito, então começamos a fazer a bossa nova, que era quase um novo samba; o bolero também influenciou muito a gente, porque na época ouvíamos e dançávamos muito bolero.

Roberto Menescal (década de 60)

A bossa nova não tinha como nascer em outro lugar

As pessoas me perguntam:
– Vem cá, por que a bossa nova nasceu no Rio?
E eu digo sempre:
– Porque é a cidade que, na época, dava mais condições pra gente fazer o tipo de música que fizemos.

O Rio era uma cidade que oferecia a vida que a gente levava ali. A natureza nos favorecia. Então, a gente tava duro, ia à praia, jogava vôlei, futebol, frescobol, pegava o violão e ficava tocando... E não se pode fazer isso em qualquer cidade. A gente podia ir à praia – se quisesse podia até dormir na praia – e tudo bem. Claro que hoje você não pode mais ficar dando sopa, ir à praia de madrugada e ficar lá, porque sei lá o que pode acontecer. Então, o Rio oferecia essas coisas de graça. À noite, tínhamos os bares de Copacabana, onde era possível ouvir músicas fantásticas.

Podíamos ir também ao Arpoador e passar o dia todo lá. A gente ia pra lá, pescava alguns polvos, vendia e pronto. A gente pegava uns mariscos nas pedras, colocava em um latão e todo mundo comia.

A gente tinha muita liberdade, o que favoreceu muito a nossa música. O Rio foi o lugar certo para aquele momento. Hoje, provavelmente, não seria, mas naquela época, a bossa nova não tinha como nascer em outro lugar.

> O Rio era uma cidade muito mais bonita. Não que as coisas tenham mudado de lugar: o Pão de Açúcar continua lá, o Corcovado também! Porém, você quase não os vê mais. Os prédios tomaram conta de tudo.

Nara

Nara era uma pessoa muito interessante, uma menina muito jovem, mas muito à frente da sua época, da sua turma. Ela era muito culta, de cabeça muito aberta, que morava em um apartamento maravilhoso na avenida Atlântica e cujos pais eram muito liberais, e preferiam que as pessoas fossem para dentro da casa dela a deixá-la ficar pela noite por aí. Isso ajudou a estabelecer a sede do nosso clube, que foi na casa da Nara. Claro que a gente ia para vários lugares também, mas a base era a casa dela.

Naquela época, era raro uma mulher tocar violão. As meninas tocavam aquele acordeão maldito, pesado e que amassava o corpo. Quando descobriram aquele instrumento leve, que podia ser levado a todos os lugares, todas quiseram aprender; mesmo quem não tinha jeito queria aprender a batidinha da bossa-nova. Nara passou a simbolizar a menina jovem de classe média moradora de Copacabana que saía com seu violão debaixo do braço.

A bossa nova propôs uma nova posição perante a vida e perante a juventude; algo que até então não existia.

> Voltei ao apartamento onde a Nara morou e o astral estava todo lá. Os atuais proprietários compraram aquele apartamento porque são superfãs da Nara, e conservam o espírito da casa dela, inclusive com fotos da turma da bossa nova.

Alf, o grande mestre

Um amigo me falou:
– Tem um cara num bar em Copacabana que você vai adorar.
– Mas eu não posso ir a bar ou a boate porque tenho 17 anos.
– Mas vai lá, porque tem um garçom que, se você falar com ele e der um dinheiro, ele deixa você entrar. Ele já conhece os policiais e qualquer coisa te esconde no banheiro.

Aí fui e fiquei impressionado. Aquilo que o cara fazia em 1955 era uma música toda dissonante. Fiquei louco! Comecei a frequentar o bar e passei a observar as pessoas que iam ver o Alf. Eram profissionais que saíam dos seus shows e iam ver o Johnny Alf. Ele foi o professor de todos nós. O Tom [Jobim] mesmo disse: "Alf é o grande mestre".

Carlos Lyra e Roberto Menescal: um encontro que deu bossa

Quando eu tinha 17 anos, fui convocado para servir o Exército e então fui estudar à noite. Ou melhor, pretendia estudar à noite...

No primeiro dia de aula me disseram:
– Tem um cara aqui que toca violão e tem até uma música gravada.
– É mesmo? O cara já tem uma música gravada? Quero conhecê-lo.

Fui apresentado – era o Carlos Lyra – e a gente começou a conversar:
– Você toca também? – ele perguntou.
– Toco! – respondi.
– Tenho uma música gravada pela Sylvinha Telles. Você a conhece?
– Só de vista.
– Então vamos fazer o seguinte: eu moro aqui pertinho. Vamos lá pra casa?

Matamos aula logo no primeiro dia. E nesse dia, os professores de matemática e física mataram aula e foram junto com a gente também.

E foi assim que eu e Carlinhos Lyra nos conhecemos, e ficamos muito amigos. Passamos o ano inteiro indo a vários lugares – ao invés de ir à aula – até que, quando chegou o fim do ano, fui fazer a prova de química. Quando sentei, o professor perguntou:
– Você é dessa turma?

Na hora, levantei e disse:
– Não, não. Desculpa.

E foi naquele momento que parei de estudar, porque se o professor não me conhecia depois de um ano, já não tinha mais jeito mesmo.

Sylvinha Telles: ela teve a ousadia de confiar em mim

Eu ia sempre assistir a Sylvinha Telles na matinê do seu show. Ela entrava no palco com o marido Candinho, que tocava muito bem, e eles cantavam uma música chamada "Amendoim torradinho": "Meu bem, este teu corpo parece / Do jeito que ele me aquece / Um amendoim torradinho...". Eu tinha 17 anos de idade, estava apaixonado por aquele show, ia a todas as matinês e sentava na primeira fila. Um dia, ela fez um gesto para que eu fosse falar com ela ao término do show. Nosso encontro foi atrás do palco e ela me disse:

– Pô, cara, você vem aqui todas as semanas!
– É, eu venho na matinê porque é baratinho.
– Agora, você pode vir como meu convidado.

Continuei indo todas as quartas-feiras, até que um dia ela me disse:

– Vai um dia lá em casa.

Ela me deu o endereço, que era bem perto da minha casa.

Eu fui e toquei, mas estava muito nervoso. Nessa época, a filha dela, Claudinha Telles, estava com uns quatro meses. Ela me disse:

Com Sylvinha Telles (1956)

– Olha, vou ter que fazer uma turnê pelo Brasil. Você topa fazer isso comigo?
– Eu, tocando na turnê?!
– É!
– Ah, Sylvinha, eu não toco o suficiente pra fazer isso...
– Mas a gente tem um mês. Se você topar, podemos ensaiar.

Claro que aceitei. Isso foi por volta de 1955 e as viagens eram muito demoradas. Um mês depois do início da turnê, cheguei ao Rio de Janeiro e era outra pessoa: no meio do caminho, comprei um violão novo e já cheguei tocando. Aí, eu já tirava meio de letra, sabe?

A Sylvinha Telles foi a pessoa que teve a ousadia de confiar e apostar em mim quando eu estava começando a tocar, e viramos grandes amigos. Ela partiu muito cedo e foi uma perda muito grande. Mas conseguimos gravar muita coisa e fomos muito amigos mesmo.

> A primeira vez que saí do Brasil foi para tocar com a Sylvinha Telles e foi muito engraçado porque eu achava que quando se saía do Brasil, tudo mudava. Aí escrevi uma carta ao meu pai dizendo: "os bois são os mesmos, as vacas são iguais".

A Academia de Violão

Abrir a Academia de Violão foi uma necessidade porque, na hora que a gente chega em casa e diz que quer ser músico e que não vai mais estudar, acaba tudo, inclusive a mesada. O que você faz? Na época, eu tinha um conjuntinho que tocava em bailes e todas as meninas chegavam dizendo que queriam aprender a tocar a batida bossa-nova. Eu e o Carlinhos Lyra alugamos um apartamento e "choveu" gente querendo aprender: a gente passava o dia inteiro dando aula. Foi impressionante: na época, todo o mundo queria aprender a tocar igual a gente.

Até então, as meninas tocavam acordeão, que, além de ser um instrumento pesado, era difícil levá-lo para os lugares. Eu achava horrível o tal do acordeão. No fim do ano aconteciam umas festas e umas cem mulheres com vestido de baile tocavam aquilo. O som era horroroso! Um acordeão já é difícil de aguentar, imagine cem? Então, quando as meninas viram o violão, elas se interessaram porque era e é um instrumento leve, que pode ser levado a qualquer lugar. Elas largaram o acordeão e passaram para o violão.

O nome "Academia" dá a impressão de algo imponente, mas, na verdade, a Academia era um quarto e uma sala. A coisa foi crescendo e eu falei pro Carlinhos:

– Não dá mais pra ficar aqui. Precisamos de um lugar maior e de mais pessoas para dar aula.

Aí, ele abriu uma Academia e eu abri outra na mesma rua. Consegui um lugar muito legal, bem perto da avenida [Nossa Senhora de] Copacabana, que tinha umas seis salas e varanda. Que me lembre, nessa época estavam na Academia: Nara Leão, Marcos Valle, Wanda Sá, Edu Lobo, Nelsinho Motta, e outros tantos. Alguns viraram músicos, outros não.

A Academia virou ponto de encontro, porque mesmo que não quisesse aprender violão, a pessoa frequentava só para "entrar na onda". Quando as aulas acabavam, o pessoal se reunia na salinha para tocar e mostrar as músicas novas, e a Academia também se tornou um "centro de composição". Lembro-me do Marcos Valle, novinho, vermelho de vergonha, perguntando: "Posso te mostrar uma música?".

Quando começamos a sair pelo mundo para divulgar a bossa-nova, não conseguimos mais manter a Academia.

No Rio Grande do Norte com Sylvinha Telles (1957)

Com os irmãos Ricardo, Renato e Bruno (1998)

Meu pai nunca aceitou que eu me tornasse músico. Quando ele morreu, descobrimos um diário no qual escrevia todas as noites. Meus irmãos me falaram: 'Beto, você leu o diário? O tempo todo ele fica falando em você, pedindo por você, se perguntando como vai ser a sua vida'. Ele dizia no diário: "Meus filhos, cuidem do Roberto, por favor! Coitado, ele não vai seguir carreira na música...". Aí, uns tempos atrás, meu irmão foi lá em casa e disse: "Pô Beto, andei revendo o diário do velho e sabe que se estivesse vivo hoje, ele escreveria um diário dizendo: 'Beto, cuide dos seus três irmãos. Coitados, foram ser arquitetos!'".

Um convite inesperado

Ouvia no rádio as músicas que o [Tom] Jobim estava fazendo com os seus parceiros – primeiramente o Newton Mendonça, depois o Vinícius de Moraes – e ficava vidrado naquele que era e continua sendo o meu grande mestre. Queria muito conhecê-lo. Então, ia aos lugares onde ele poderia estar, mas nunca o encontrava. Ficava tão nervoso por não ter encontrado o Tom que, às vezes, me levavam embora de porre e aí eu ficava sabendo que um pouco depois de ter saído, ele havia chegado.

Naquela época, eu e Carlinhos Lyra dávamos aula de violão em um apartamento e um dia, no final da tarde – enquanto eu dava aula para uma menina (com a mãe dela vigiando ao lado, é claro!) – alguém bateu à porta e era o Jobim. Quando vi o Tom Jobim, quase nem acreditei! Ele me perguntou se eu era o Menescal e falou:

– Vim aqui para saber se você pode fazer uma gravação comigo para o filme Orfeu negro.

– Mas é claro que eu posso!

– Mas você não está ocupado aí dando aula?

– Eu dou um jeito! – respondi.

Bom, eu quase expulsei a menina, pois não podia perder aquela chance!

Quando a gravação terminou, o Tom disse que tínhamos que acertar o meu cachê e eu disse a ele:

Com Sylvinha Telles, Tom Jobim e Marcos Valle (1964)

– Deus me livre receber cachê de você! Quero saber quanto eu te devo!

Imagine, seria um pecado receber por ter tocado com o Jobim!

Como não aceitei receber, ele me convidou para jantar e fomos a um restaurante em Copacabana. Conversando com ele durante o jantar, contei que pensava em ser arquiteto, entrar para a Marinha ou fazer qualquer outra coisa que me desse garantia. Ele me perguntou:

– Mas, cara, você não quer ser músico?

– Quero.

– Então largue tudo e vá estudar música!

Ser músico era o que eu mais queria, mas até então estava inseguro. Esse encontro mudou toda a minha vida! Talvez, hoje, eu fosse um arquiteto/músico, como os meus irmãos – que são arquitetos – ou um mau arquiteto e um mau músico.

> Vou te contar uma coisa: é essencial estar atento à vida. Se você não ficar atento a ela, as coisas vão passando e você não vê. Eu realmente sonhava – não que eu fosse para cama, dormisse e sonhasse: eu ia para cama e sonhava antes mesmo de dormir – em tocar com o Jobim, com o Johnny Alf... e, menos de um ano depois, eu estava tocando com todos eles. Então, o sonho é vital para que você consiga fazer o que quer. Não é só sonhar, tem que correr atrás também, mas sabendo o que você realmente quer.

Samba de verão: isso é sucesso

O Marcos Valle era nosso aluno na Academia de Violão. Ele era um cara muito tímido, muito envergonhado. Um dia, ele me disse:

Roberto Menescal (1962)

– Poxa, eu fiz umas músicas... e queria te mostrar...

Ele me mostrou uma música chamada "Sonho de Maria". Fiquei impressionado com o tipo de música que ele fazia. Eu disse:

– Rapaz, vou te apresentar a uns caras que conheço.

Aí, eu apresentei o Marcos aos Cariocas, ao Tamba Trio e eles gravaram músicas dele. Tanto que ele me chama de padrinho até hoje!

■

Um dia, eu estava no Arpoador e o Marcos – que era surfista – chegou por lá.

– E aí, Marcão!

– Rapaz, eu fiz uma música e tô doido pra te mostrar!

Quando ouvi a música, eu disse:

– Marcos, isso é sucesso!

– Você acha mesmo?

– Escreva o que estou dizendo. Nunca soube qual das minhas músicas seria sucesso; mas essa, eu tenho certeza que é um sucesso.

Bom, essa música era "Samba de verão" e até hoje ele diz que fui o primeiro cara que sacou que ela seria um sucesso.

Nossa amizade continuou. Hoje, somos parceiros, moramos perto um do outro, e sempre que possível fazemos shows juntos. Ele é um grande artista, um grande músico e, principalmente, um grande amigo.

Castro Neves: uma família musical

Quando notamos que éramos um grupinho fazendo músicas com uma nova forma de cantar e tocar, começamos a procurar pessoas para aumentar esse grupo. Um dia alguém falou pra gente:

– Tem uma família aí de uns garotos que moram em Laranjeiras e tocam muito bem jazz e uma música brasileira moderna. Eles têm um conjunto, o Conjunto Castro Neves.

Era por volta das seis horas da tarde, ligamos e eles disseram:

– Podem vir pra cá.

Eles já trabalhavam, mas eram bem garotos. O Oscar tinha 16 anos e já trabalhava de terno e gravata.

Pegamos um táxi e quando chegamos, o irmão mais velho – que era pianista – nos recebeu e já começamos a tocar na garagem. De repente, o violão saiu da minha mão: era o Oscar. (Ele é um cara tão fissurado pelo violão que chegou tirando da minha mão e começou a tocar.) Aí, a mãe dele falou:

– Pare e cumprimente eles.

– Ah, desculpa! – ele cumprimentou a gente e já começamos a tocar de novo.

A família Castro Neves deu um novo embalo ao nosso grupo e fizemos muitas coisas juntos. O Oscar e o Ico chegaram até a tocar no meu conjunto. Hoje, o Oscar é um grande produtor nos EUA e continuamos amigos.

João Donato

Eu estava começando a estudar música com Moacir Santos, que foi um grande professor, e ficava impaciente porque queria tocar e ele dizia:

– Meu filho, calma. Antes de tocar, você tem que aprender algumas coisas.

Um dia, cheguei à aula às 7h30 da manhã, depois de virar a noite tocando com o João Donato. Aí o Moacir falou:

– Você tá com cara de quem não dormiu.

– É verdade. Não dormi mesmo. Passei a noite inteira tocando com o Donato.

Aí, ele começou a elogiar o Donato:

– Donato é uma maravilha! Donato é o grande!

Eu disse:

– E Donato não sabe uma nota de música! (Ele sabia tudo de música, mas não lia música.)

– É verdade... Imagine se ele soubesse!

Donato é genial! Ele canta: "Bananeira não sei, bananeira sei lá... bananeira!". O público todo grita: "bananeira"! E o pessoal sai cantando isso no mundo inteiro.

Wanda Vagamente

A Wanda Sá ia aos nossos shows e ficava na primeira fileira, até que um dia tomou coragem e foi falar comigo.

– Me dá um autógrafo?

– Dou!

– Escreve o seu telefone também, porque eu queria ter umas aulas com você.

– Onde eu escrevo?

– Escreve na minha mão.

Eu achei aquilo o máximo! Depois que escrevi, ela falou:

– Não vou mais lavar a mão! (Aquela coisa de garota, né?)

A Wanda começou a fazer aula comigo e cantava muito bem. Um dia, o Bôscoli foi à minha casa, chegou durante a aula e quando ouviu a Wanda cantar, falou:

– Você tem que cantar, fazer shows... tem que gravar um disco!

– Mas eu não canto profissionalmente...

– Não, mas vai fazer um disco.

Ele tinha um programa com o Miele em São Paulo chamado Dois no balanço e a convidou para cantar. Ela foi a São Paulo, cantou no programa e nós fizemos um disco chamado *Vagamente*. Ronaldo e eu oferecemos essa música para ela e ela ficou conhecida como Wanda Vagamente.

Somos muito amigos e parceiros. Já fizemos vários discos juntos, já andamos por todo esse mundo afora! Somos muito amigos!

> Wanda e Nara são as irmãs que eu não tive!

O senhor é cantor?

Quando fui participar de um programa na TV Tupi do Rio, o Agostinho dos Santos chegou pra mim e disse:

– Você faz uns acordes bacanas!

Eu mostrei alguns acordes e ele começou a cantar.

Saímos do prédio da TV Tupi e todo o mundo conhecia o Agostinho porque ele fazia muito sucesso. Aí, ele perguntou:

– Tá de carro?

– Não.

– Então vamos pegar um táxi pra te deixar em casa. Onde você mora?

– Em Copacabana.

Quando estava chegando, mostrei onde eu morava e perguntei:

– Você quer subir?

– Vamos lá.

No prédio, todo o mundo ficou olhando pra gente, porque ele era muito conhecido. Subi e minha mãe atendeu (ela era completamente por fora de tudo!) e foi a única que não reconheceu o Agostinho.

– Oi, mãe! Esse aqui é o Agostinho dos Santos, grande artista.

– Oi, muito prazer! O senhor é cantor?

– Mãe, ele é um cantor de grande sucesso!

– Ah, desculpa!

Quando estava indo embora, ele disse para a minha mãe:

– Minha senhora, parabéns pelo seu filho. Ele toca muito bem.

– O senhor acha, é? Poxa, que bom! Vou falar pro pai dele!

Aí, quando ele saiu, eu falei:

– Como você não o conhece? Eu vim até aqui com todo o mundo comentando e você ainda pergunta se ele é cantor?

O Agostinho foi um cara que gostou de mim e apostou em mim. Ele gravou muitas músicas minhas.

Como nasceu a parceria Menescal e Bôscoli

Havia umas reuniões de um pessoal mais antigo que se juntava para tocar violão e, apesar de não ser o meu tipo preferido de música, eu ia e sempre aprendia uns acordes novos, e curtia tudo aquilo (sabe "encosta tua cabecinha no meu ombro e chora"? Era esse tipo de música).

Nesse lugar que a gente ia, tinha uma salinha separada onde colocavam umas bebidas e alguma coisa para comer. Na época, eu bebia cuba-libre – que era rum com Coca-Cola – e teve um dia que fui para essa salinha pegar uma cuba-libre e ouvi um som diferente. Era uma música tão diferente daquelas que a gente tinha até então, que logo que ouvi um acorde, me interessei. Fui até a varanda e vi dois caras, um tocando violão e outro cantando. O que estava cantando era o Ronaldo Bôscoli, "fazendo tipo": cigarro, copo de uísque, suéter meio caído, sapato de camurça, calça de veludo. Parecia um artista americano.

Perguntei se podia ficar por ali. Fiquei ouvindo e pensando: "Poxa, eu preciso levar esses caras pra minha turma". Aí, quando deu uma brecha, falei que tinha uma turma que tocava e o convidei para que nos encontrasse no dia seguinte. Ele disse que iria, mas não apareceu.

Um ano se passou, até que um dia eu estava na praia com a turma toda. Ele passou por nós, peguei o pessoal e fomos falar com ele.

– Você se lembra de mim?

– Ah, menino, não deu pra ir lá quando você me chamou...

– Vamos lá, quero que você conheça a minha turma!

– Eu vou sim. Onde é?

Expliquei onde era e a noite ele chegou lá, cheio de charme, com uma garrafinha pequena de uísque, e cantou as músicas que tinha feito com o parceiro dele, Chico Feitosa.

Ele começou a frequentar as reuniões e o Carlinhos Lyra logo aproveitou, porque ele tinha muita música. Eles começaram a compor e daí veio "Lobo bobo", "Saudade fez um samba". Eu ficava ali, esperando uma brecha, até que um dia o Carlinhos não foi e o Bôscoli disse:

– Pô, o Carlinhos marcou comigo e não apareceu...

– Eu tenho umas musiquinhas aqui, Ronaldo...

Mostrei uma, mas a música era ruim, ruim. Ele disse:

– É bonitinha.

Com Ronaldo Bôscoli (1959)

Daí, fizemos uma música chamada "Jura de pombo", que falava de um pombinho que marcou um encontro, mas chegou atrasado porque o dia estava tão lindo que, ao invés de voar, ele foi andando! Mas a música era bem ruinzinha mesmo.

Ele me perguntou se eu tinha outra música e nós fizemos uma, chamada "Luluzinha bossa nova", que também era uma besteira.

Logo depois, fizemos uma música chamada "Errinho à toa". Ele disse:

– Essa música é boa, as outras duas não.

E aí viramos parceiros.

> Hoje, os compositores trabalham assim:
> – Manda a música pra mim por e-mail que eu coloco a letra.
> E tudo é feito por e-mail. Não tem mais aquele negócio de sentar pra conversar e compor juntos.

Quem é esse Grupo Bossa Nova?

Íamos a todos os lugares onde éramos chamados. Um dia, nossa amiga Sylvinha Telles, que já era profissional, disse:

– Vou fazer um show na Sociedade Hebraica. Se vocês toparem, podem ir lá dar uma canjinha.

Claro que aceitamos e fomos todos. Quando entramos, vimos um cartaz feito a mão: "Hoje, Sylvia Telles e um Grupo Bossa Nova". Pensei: "Então tem mais alguém no show e eu não sei quem é". Aí, perguntei:

– Vem cá, quem é esse Grupo Bossa Nova?

E o cara da Sociedade Hebraica respondeu:

– São vocês! Eu não sabia o nome de vocês, então inventei o nome "Grupo Bossa Nova". Tem problema?

– Não, não tem, porque a gente não tem nome mesmo e esse nome é legal, achei bacana.

Nós saímos dali depois do show, brincando um com o outro, e Sylvinha brincou chamando a gente de "o meu Grupo Bossa Nova". Ronaldo Bôscoli disse:

– Esse é um nome bom, que diz exatamente o que nós estamos fazendo.

E o nome ficou. Ninguém pensou nisso. O nome bossa nova nasceu de uma maneira muito natural e ficou muito comercial, porque dali em diante falava-se "carro bossa-nova", "geladeira bossa-nova"... Os jornais só falavam nisso! Tudo era bossa-nova!

> A bossa-nova foi a primeira música brasileira com sabor universal, porque como foi baseada também no jazz e no bolero, ela tem um cunho de influências vindas de fora. Botando um pouco do ritmo brasileiro, a bossa-nova se tornou uma música internacional.

Um banquinho, um violão

No início da bossa nova, a gente sentava muito no chão ou então no sofá da casa da Nara.

Um dia, fomos chamados para fazer um programa na TV Continental, no Rio, e conhecemos o Miele. No cenário, tinha um sofá e duas poltronas, e ele falou:

– Assim fica ruim pra tocar violão por causa do braço do sofá, não fica?

– Ah, mas dá, a gente senta na ponta.

– Sofá não é pra sentar na ponta, é pra você se refestelar!

Aí, dissemos que poderíamos sentar no chão, mas ele disse que ficaria ruim por causa da câmera. Então, ele levou uns banquinhos, ajeitaram no cenário e ficou bonito de se ver.

E agora já fez cinquenta anos que a gente senta em banquinho! Uns, meio de lado, um pouco tortos, mas bossa-nova virou "um banquinho, um violão"!

> Tem gente que diz que a bossa-nova não teve influência do jazz, mas teve muita influência dele sim, não há dúvida. Em 1960, a nossa música começou a sair do Brasil e influenciar o jazz, tanto que quando chegamos aos Estados Unidos pela primeira vez, em 1962, todos os músicos bons de jazz tocavam – ou tentavam tocar – a bossa-nova.

Preciso terminar de varrer aqui...

Costumávamos fazer alguns shows pequenos na Faculdade de Arquitetura, as *jam sessions*, que eram instrumentais. Tocávamos jazz e, como era o começo, a Faculdade era um lugar bacana pra gente se encontrar e tocar. Os outros músicos que tocavam lá eram profissionais e nós só dávamos uma "canjinha", até que um dia eu disse:

– Vou inventar alguma coisa diferente pra gente "defender o nosso lado". Por que, ao invés de fazer uma *jam session*, a gente não faz uma "*samba session*"? A gente improvisa, mas em vez do jazz, a gente toca samba.

Aí, me perguntaram:

– A gente toca música de quem?

– Vinícius de Moraes, Carlos Lyra...

– Podemos tentar. Mas você acha que vai alguém?

– Eu tenho uns amigos, de repente chamo um amigo que é artista pra dar uma força e tal. Então, se vierem uns três artistas conhecidos, a gente já promove isso.

Eu chamei a Sylvinha Telles, acho que Lúcio Alves e Trio Irakitã. O show foi divulgado e compareceram umas trezentas pessoas. Só tocamos música brasileira. Era a primeira vez que a gente fazia um show de música brasileira, e o pessoal ficou animado. Foi muito bacana!

Um ano depois, resolvemos fazer outro show, porque muitas coisas importantes tinham acontecido: tinha saído o disco do João Gilberto, o nome bossa nova já tinha surgido... Então, resolvemos fazer um show de bossa-nova, mas não tínhamos nenhum recurso: as caixas de som eram da minha casa, o microfone, da casa do outro... Era tudo muito amador. Tínhamos que ajeitar tudo para o show: a gente limpava e varria tudo (porque era uma arena). Quando chegou a hora – me lembro bem – eu estava varrendo o palco e um cara chegou pra mim:

– Roberto, vou ter que abrir. Tá na hora. Não posso segurar gente lá fora.

– Espera só um instantinho. Preciso terminar de varrer aqui...

– Tá tudo parado lá fora!

– Pô, que azar! Logo no dia do nosso show o trânsito tá parado!

– Tá parado por causa do show, rapaz!

– Por causa do nosso show? Não é possível!

– Você vai ver.

Terminei de varrer e quando abriram as portas, tinha muita gente. Eu me perguntei: "Tudo isso por nossa causa?! Que loucura!".

Chamamos esse show de *A noite do amor, o sorriso e a flor*, que era o título do disco do João Gilberto e era a frase da música do Jobim, "Meditação" ("O amor, o sorriso e a flor se transformam depressa demais").

O show foi fotografado por um amigo nosso e identificamos nas fotos os diretores de gravadoras sentados no meio do povo – no chão mesmo. Aqueles caras que não deixavam a gente entrar nas gravadoras estavam lá, sentadinhos pra ver a gente. Então, esse show foi da maior importância para nós e para a bossa nova.

Maysa e O barquinho

Conheci Maysa quando tinha 13 anos e ela 14. Foi rainha de um bloco de carnaval nosso lá no Espírito Santo, porém nunca mais a vi.

Anos depois, casada, ela gravou um disco, *Convite para ouvir Maysa* – em que doou os direitos para obras beneficentes. Na mesma época, ela apresentava um programa de televisão semanal. Eu não perdia um, porque adorava as músicas dela. (O cenário do programa tinha piano, flores, colunas gregas... Era um daqueles cenários malucos que não têm nada a ver com o programa!)

Dali em diante, ela "foi acontecendo" e logo se tornou um grande sucesso.

Certo dia, Ronaldo Bôscoli disse:

– Poxa, estive com Maysa e contei sobre a bossa-nova, do nosso grupo, e ela se interessou muito. Vou trazê-la para se encontrar com a gente.

O encontro com Maysa aconteceu, mostramos as nossas músicas e daí veio a ideia de gravar o disco *O barquinho*. Ela marcou uma reunião com o diretor da gravadora e fomos eu, Luizinho Eça (que tocava piano muito bem) e Maysa. Luizinho e eu nunca tínhamos trabalhado com produção e arranjos, mas Ronaldo Bôscoli nos apresentou à Maysa como dois "grandes arranjadores" e eu como um "produtor incrível"! Então, fomos encontrar o diretor da gravadora como "grandes arranjadores" e eu como um "produtor incrível"!

Luizinho e eu resolvemos que o disco teria 12 faixas: seis seriam gravadas com um grupo pequeno de músicos e as outras seis com uma orquestra. Fiquei encarregado do grupo pequeno e o Luizinho da orquestra.

Aí, o diretor da gravadora perguntou do que precisaríamos para a gravação e o Luizinho respondeu:

– Eu preciso de 24 violinos, 12 violas, 4 cellos, 2 contrabaixos e 1 piano.

Não esperávamos que o diretor concordasse com tudo o que o Luizinho estava pedindo, mas ele acabou concordando...

Bom, quando saímos dali, o Luizinho falou:

– Ai, como é que eu vou fazer isso? Não vai dar! Eu vou pra Teresópolis!

E eu disse:

Na Argentina com Maysa (ao centro) e Astor Piazzola (década de 60)

– Você não vai, não! O cara acertou tudo com a gente e agora você vai fugir? Faz o seguinte: vou pra sua casa, morar lá até terminarmos de fazer os arranjos.

E foi assim que a gente fez. Ele começou a escrever, começou a se empolgar.

No dia que fomos ao estúdio e a orquestra começou a fazer a introdução da música "O barquinho", com o piano junto, foi muito lindo. Quando a gravação terminou, a orquestra inteira levantou e aplaudiu o Luizinho, batendo com o arco no instrumento. Ele levou os pais para assistir à gravação e foi muito emocionante.

O disco foi todo gravado nesse clima, apesar de Ronaldo e Maysa discutirem bastante. Ronaldo dizia que ela parecia um "bonde" balançando, que ela não tinha swing nenhum. Então, de vez em quando, ela ficava muito nervosa. Mas, fora isso, o clima era de muita paixão, muita emoção. Sentíamos que aquela era a "grande oportunidade da bossa nova". A repercussão do disco foi incrível. A capa do disco estampa a foto de um barquinho com Maysa e todos nós dentro, o que mostrava que ela "assumiu" a gente.

Logo em seguida, recebemos convite para fazer uns shows na Argentina. Passamos um mês lá e o sucesso foi inacreditável!

Depois disso, fiz alguns shows com Maysa no Rio e em São Paulo. Produzi, em 1970, um disco de Maysa chamado *Ando só numa multidão de amores*. Nesse disco há uma música que compusemos juntos chamada "Me deixe só".

Quem é o dono do conjunto?

Quando olhei para o cenário da época havia um monte de trio isso, trio aquilo... Vários grupinhos em São Paulo e no Rio. Cada um queria fazer sua própria música e não queria acompanhar os cantores. Percebi que faltava um grupo para acompanhar os cantores. Então formei um quinteto. Fizemos uns shows e as pessoas acharam que o nosso som era legal. Em pouco tempo tivemos muito trabalho, porque os cantores começaram a nos convidar para tocar com eles. (Chegou até um flautista famosíssimo de fora, o Herbie Mann, e quis gravar com a gente.)

Um dia, o Aloysio de Oliveira, da gravadora Elenco, me chamou e disse:

– Quero gravar esse grupo de vocês. É muito legal.

– Tá certo! Vou trazer a turma toda!

– A turma toda não! Quero saber quem é o dono do conjunto.

– Não, não tem dono. É de todo o mundo.

– Não existe essa coisa de que todo mundo é dono. Imagina eu aqui com cinco caras, cada um achando uma coisa? Não dá! Eu quero um dono para esse conjunto.

– Tá, então vou conversar com eles e a gente vê quem vai ficar como dono do conjunto.

– Não, eu quero que você seja o dono do conjunto. Além de músico, você é muito organizado; nos ensaios, você organiza tudo e faz isso muito naturalmente.

Achei aquela situação meio chata. Como ia explicar aquilo pros meus amigos? Aí, sentei com eles e disse:

– O grupo é de todo mundo, mas ele quer tratar tudo comigo. Eu vou, mas o grupo continua sendo nosso.

Na hora de colocar o nome no conjunto, o Aloysio disse que seria Roberto Menescal e seu Conjunto, e aquilo me preocupou, porque até então, quem arranjava o show levava o nome, por exemplo, Luiz Carlos Vinhas e seu Conjunto. Aí, falei com a turma e eles concordaram em deixar o meu nome.

Na Bélgica com seu Conjunto (1968)

■

No conjunto era assim, quando o cara estava ficando bom demais, eu chegava pra ele e dizia:

– Não fica aqui, não. É desperdício.
– Pô, mas você tá me botando pra fora?
– De jeito nenhum!

O Eumir Deodato passou cinco anos sem falar comigo, achando que eu o tinha colocado para fora do grupo, mas não é isso. Eu disse que ele tinha que ir para o mundo, mas ele achou que eu o estava "despedindo". Hoje, ele vê que era verdade: todo mundo quer gravar com ele e ser produzido por ele.

Surf board

Lançamos, em 1966, o disco Surf board e o fotógrafo que fazia as capas da Odeon – que era mergulhador e mergulhava comigo – quis colocar na capa uma imagem de todos nós vestidos com roupas de mergulho. Esse foi o primeiro disco da série. Entre as músicas, algumas são minhas, mas gravamos também músicas do Carlinhos Lyra, Tom Jobim, Chico Feitosa, entre outros, porque queríamos divulgar o repertório de toda turma.

Gravamos uma série de quatro discos e foi o primeiro instrumental brasileiro que vendeu bastante na época. Até então, instrumental vendia pouco, mas nos tornamos campeões de vendas.

Lúcio Alves: Vou gravar isso!

Lúcio Alves era o meu ídolo. Eu era garoto, ainda nem tocava violão, e já gostava dele, adorava o jeito bem boêmio como ele cantava. (Eu chamava a voz dele de "voz de sinusite".) Eu adorava aquelas músicas!

Um dia, a gente se conheceu, não me lembro direito onde, e logo depois ele disse pra mim:
– Soube que você faz umas músicas.
– É sim, tô começando a fazer.
– Vá um dia lá em casa.
– Quando?
– Vá amanhã.

No dia seguinte, eu estava lá na casa dele e ele pediu para eu mostrar minhas músicas. Mostrei "Errinho à toa" e ele disse:
– Pô, que música legal! Vou gravar isso!
Pensei: "Ele vai gravar minha música! Inacreditável!"
Mostrei outra e ele disse:
– Vou gravar.

E eu pensando: "Nossa, o Lúcio Alves vai gravar duas músicas minhas! Os meus pais não vão nem acreditar!"

Resultado: ele gravou um disco inteiro, chamado Balançamba, com músicas minhas.
Então, cheguei em casa e falei para minha mãe:
– Conheci o Lúcio Alves, fui à casa dele e ele vai gravar um disco todo com músicas minhas!
Ela perguntou:
– E você tem música pra isso?

Esse foi um passo da maior importância na minha vida, porque dali em diante passei a ter um disco todo de músicas minhas, gravado pelo cara que, na época, era um grande sucesso. Isso me abriu muitas portas.

Bossa sussurrada

A turma da bossa-nova – Bôscoli, Chico Feitosa, Lúcio Alves, Sylvinha Telles – morava em apartamentos. Durante o dia, todos trabalhavam e, à noite, lá pelas 22 horas, nos encontrávamos para tocar. Logo, o vizinho de baixo começava a bater no teto do apartamento com o cabo da vassoura, dizendo:

– Olha o barulho, eu tenho que acordar cedo!

Nós já tocávamos baixo, mas começamos a tocar ainda mais baixo para não incomodar os vizinhos e todo o mundo acabou se acostumando a tocar e a cantar baixinho. Foi assim que nasceu uma característica da bossa-nova.

Se prestar atenção, você verá que a música que a gente fazia era meio falada. Antes da gente, as músicas eram cantadas mesmo, mas nas primeiras gravações da bossa-nova você já percebe que as músicas são baixinhas e quase faladas.

Carnegie Hall: foi aí que acabou a turma da bossa-nova

Alguém – não me lembro quem – chegou para mim e disse:

– Olha, nós vamos fazer uma apresentação no Carnegie Hall, em Nova York... – e me convidou para ir também.

Perguntei quem iria e a pessoa disse que a "turma toda" iria. Na hora, fiquei em dúvida sobre quem era a "turma toda" e perguntei:

– Rapaz, sabe o que é? Eu já tenho uma pescaria marcada em Cabo Frio, então não vou poder ir a Nova York com vocês.

Tom Jobim telefonou pra mim e disse:

– Menesca, por que você não vai pra Nova York? A "turma toda" vai. Você tem que ir também!

– Mas tenho uma pescaria marcada...

– Pescaria, rapaz? Mas a "turma toda" vai!

– Nem sei direito do que se trata...

– É um concerto no Carnegie Hall!

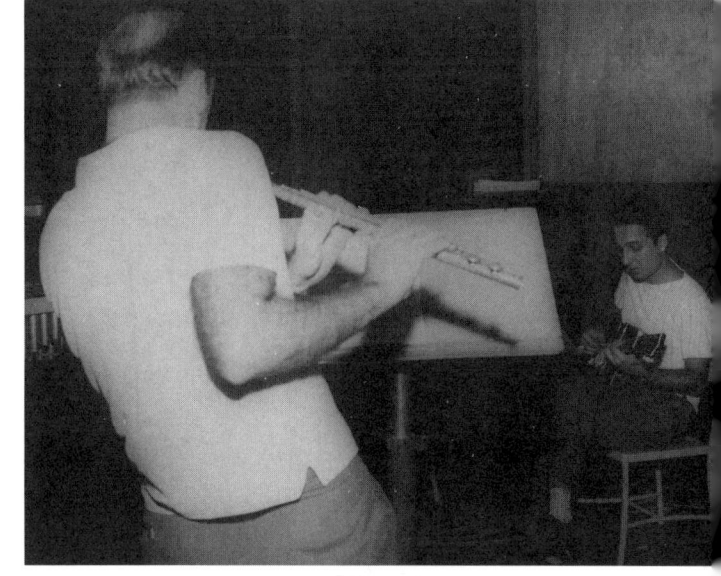

Com Herbie Mann (1965)

Eu não sabia o que era o Carnegie Hall e fiquei com vergonha de perguntar, mas acabei dizendo que iria também. (Pouco depois, tivemos um almoço no Itamaraty e foi aí que percebi que o convite tinha sido de lá.)

A turma que foi a Nova York era grande. Ao chegarmos ao aeroporto, passando pelo controle de passaporte, olhei em volta e vi uns músicos de jazz, que eram nossos ídolos, dos quais eu nunca imaginei estar perto um dia! Quando os vi, virei pra trás e falei pro pessoal:

– Olha que sorte! Estamos chegando e os músicos de jazz também estão aqui!

Aí, o cara que estava recebendo a gente lá, disse:

– Eles estão aqui para receber vocês!

– Mas como? Eles conhecem a gente?

– É claro que conhecem!

Estavam lá Gerry Mulligan, Cannonball Adderley – que era um saxofonista de jazz famosíssimo – e o pessoal do Modern Jazz Quartet (que, na época, era um grande sucesso), além de outros que não me lembro agora.

Assim que passamos pela Polícia Federal, eles foram falar com a gente e nos convidaram para jantar. Veja só: eu nunca imaginava chegar perto daqueles caras e, de repente, eles estavam nos convidando para jantar nas casas deles! Foi então que percebi: estávamos indo tocar em Nova York pela primeira vez, mas a nossa música já havia chegado por lá. (Na ocasião, a música "Desafinado" já estava nos primeiros lugares do *hit parade* e depois chegou ao primeiro lugar.) Naquela noite, João Gilberto, Milton Banana e eu jantamos na casa do contrabaixista do Modern Jazz Quartet e na noite seguinte jantamos na casa do Gerry Mulligan. Nos dias que se seguiram, tocamos com esses e vários outros músicos, e no final eu já nem me lembrava mais do concerto no Carnegie Hall!

Na véspera do concerto, alguém avisou que teria um ensaio antes da apresentação e eu disse:

– Mas não sou cantor, nem trouxe o meu grupo. Não vou tocar amanhã, não. Vou lá só pra ver vocês.

Com seu conjunto (1969)

Aí, o empresário veio falar comigo:

– Soube que você não vai participar do show de amanhã. Como não? Você está aqui com a gente há dez dias. Você vai cantar.

Acabei concordando. (Foi nesse dia, lá no Carnegie Hall, que cantei pela primeira vez na vida. Acho que esse é um fato inédito na vida do Carnegie Hall e na vida de um artista: imagine estrear no Carnegie Hall? Mas acho que foi a carreira de cantor mais rápida que já existiu, porque começou e acabou ali mesmo! Eu vi que não tinha jeito para cantar.)

Na hora do show, o teatro estava lotado e muitas pessoas ficaram do lado de fora porque não havia mais lugar. O show daquela noite seria gravado e o empresário, que junto com o Itamaraty nos levou para lá, estava muito ligado no show, porque com isso já estava divulgando o disco que iria lançar. Ele também era editor de música e estava interessado em publicar as nossas músicas. (Fomos para lá sem saber nada disso.)

O show foi um pouco tumultuado porque havia muitos artistas no palco. (Quando chegou o convite para tocar no Carnegie Hall, gente que nem era da bossa-nova ficou sabendo e resolveu ir tocar também: pagou a passagem e foi junto. Então, havia muita gente ligada à bossa-nova – como Tom Jobim, João Gilberto, o quinteto do Oscar Castro Neves, o conjunto do Sergio Mendes, Carlos Lyra e eu – mas também vários artistas que não eram ligados à bossa-nova. Por isso, não havia nada muito organizado na hora do show.)

Esse show foi vital para a divulgação da bossa-nova. Dali em diante, a nossa música estava colocada no mundo.

■

Uma curiosidade: a partir desse show, a turma da bossa-nova terminou. Porque a turma era um grupo que se reunia praticamente todos os dias na casa da Nara, do Benê Nunes, do Tom. Mas aí, Tom, João Gilberto, Carlos Lyra, Sergio Mendes e outros ficaram por lá. Eu voltei porque tinha casamento marcado para dali a dois meses. A partir daí, tudo acabou: a turma não se reuniu mais e cada um seguiu o seu caminho.

Esse concerto no Carnegie Hall foi ótimo porque divulgou a bossa-nova para o mundo todo, mas, por outro lado, acabou aquela coisa gostosa que a gente tinha – havia uns quatro anos – que eram as reuniões em que a gente tocava e criava.

> Não tínhamos noção de que estávamos fazendo algo que seria tão duradouro e que transformaria tanto a música brasileira. Todos tínhamos entre 18 e 20 anos de idade, e a música que estava no Brasil naquela época possuía assuntos muito pesados para a nossa geração. Então, queríamos fazer uma música que tivesse a ver com a gente. Mas aí, ela modificou bastante o cenário da época e também os costumes. Quer dizer, bossa nova passou a definir um comportamento: "basta o jeitinho dela andar, sabe?".

Menescal e Bôscoli:
As nossas músicas são cenas das nossas vidas.

Bôscoli e eu não botávamos letra em música, a gente fazia uma história. A gente nunca sentou e falou 'vamos botar umas palavrinhas bonitas aqui nessa música', não era isso. Cada música nossa tinha uma história verdadeira que havia acontecido com a gente. Aí, a música fica muito verdadeira e sincera.

O Barquinho

Eu era um apaixonado pelo mar! Eu era pescador de mergulho e levava isso tão a sério quanto a música, apesar de ser predador, porque na época não tínhamos essa noção, nem a necessidade de pensar em ecologia como hoje. Então, achava que podíamos pegar todas as lagostas do mundo e que teríamos lagostas para a vida inteira, o que não é verdade. Aos poucos, fomos aprendendo que as coisas são muito frágeis.

Minha turminha de bossa-nova não tinha nada a ver com aquele negócio de mar e de pescaria, mas vivia pedindo para que eu os levasse junto comigo um dia, porque eu sempre falava dos lugares bonitos para onde costumava ir. Até que um dia, eu os convidei para passar um fim de semana em Cabo Frio. Éramos uns oito ou dez do grupo, entre eles o pessoal do Tamba Trio, a Nara Leão, o Ronaldo Bôscoli, minha mulher Yara e, talvez, mais um ou dois casais.

Chegando lá, alugamos um barquinho (chamávamos de traineira, uma traineirinha) e fomos pra fora de Cabo Frio, que se você olhar num mapa é uma ponta pra fora do Rio. Fora disso, tem Arraial do Cabo, que é a ponta mais fora de Cabo Frio. Fora isso, tem a Ilha do Cabo, que a última coisa dessa ponta e fui mostrar a eles a Ilha do Cabo pelo lado de fora, que é uma paisagem única no Brasil: você pode ter milhões de paisagens bonitas, mas aquele tipo de paisagem só tem lá. Mais ou menos às três horas da tarde, o barco enguiçou em um lugar muito fundo, porque como ali é a ponta mais para fora, a profundidade, perto da ilha, já começa em cem metros. Não havia âncora que chegasse ao fundo e nós fomos indo cada vez mais para fora. Ficamos tentando fazer o motor pegar e a turma já estava apavorada. A bateria acabou; então já não dava mais pra rodar na chave, tinha que puxar uma alavanca para ver se o motor pegava. O motor não pegava de jeito nenhum e eu comecei a brincar com o barulho do motor, porque quando você roda faz tacatacataca... taca... taca... ta... ca... [barulho de motor] e morre. Fiquei imitando o som do motor morrendo. O pessoal ficava apavorado cada vez que o motor morria.

Eram quase seis horas da tarde quando surgiu uma embarcação grande da Bahia que estava pescando lá fazia quase um mês. A embarcação foi entrando para Cabo Frio, nós fizemos sinal pedindo socorro, ela veio e nos rebocou. Fomos entrando em Cabo Frio, passando pela Ilha e a tardinha estava caindo, o sol morrendo e a gente começou a brincar. Eu cantei: "O barquinho vai, a tardinha cai", mas só isso.

No dia seguinte, o Ronaldo Bôscoli – meu parceiro na letra – perguntou para mim:

– Beto, como era aquela coisa que você estava cantando do motor?

E eu comecei a cantar:

– O barquinho vai, a tardinha cai...

– Isso não, disso eu me lembro, mas como era aquela coisa que tinha um ritmo legal?

Com Ronaldo Bôscoli (1959)

Eu não sei se fiz igual, mas me lembrei do som do motor, fiz uma melodia em cima e fiquei repetindo. Tivemos a felicidade de fazer essa música, de quase que receber essa música pronta e tomamos conta dela.

A bossa-nova tinha um dom quase que geral de transformar tudo em coisa boa, mesmo que as coisas não fossem boas. Estávamos numa situação realmente perigosa e sei lá o que seria da vida, porque o próximo porto que tinha dali era a África, pois não havia nada no meio. Apesar disso, no dia seguinte, transformamos aquela situação em um "dia de luz, festa de sol" e num dia bonito da vida da gente.

Nós e o mar

"Nós e o mar" é resultante das nossas pescarias em Cabo Frio. Um dia, terminamos a pescaria na praia onde pegávamos o barco e eu falei:

– Ronaldo, vou sair dessa enseada e vou pro outro lado para ter uma noção de como o mar vai estar amanhã.

Fomos de carro, subimos uma duna e sentamos na areia. A tarde estava linda. (Sabe aquela hora do dia que tudo fica bonito, que o sol está morrendo? Acho que o final da tarde é a hora mais bonita do dia.)

– Vai estar bacana, amanhã o mar vai estar bom – falei.

E aí, fomos ficando praticamente sem falar nada, olhando a paisagem. Aí, o Ronaldo escreveu:

Lá se vai mais um dia assim
E a vontade que não tenha fim
Esse sol
E viver, ver chegar ao fim
Essa onda que cresceu morreu
A seus pés.

É a história do nosso dia e a nossa vontade que o dia não acabasse.
Aí vem uma reflexão que fala da paisagem:

E olhar
Pro céu que é tão bonito
E olhar
Pra esse olhar perdido nesse mar azul
Uma onda nasceu
Calma desceu sorrindo
Lá vem vindo.

Aí começa a realidade. É final do dia, a praia começa a desaparecer. A tarde está acabando e a noite começa a chegar.

Lá se vai mais um dia assim
Nossa praia que não tem mais fim
Acabou

Vai subindo uma lua assim
E a camélia que flutua nua no céu.

"Nossa praia que não tem mais fim acabou", porque vai chegando a noite, você vai perdendo a visão da paisagem. Então, daquela praia imensa de 12 quilômetros, você só consegue ver quatro, depois começa a ver só mil metros. A visão vai diminuindo cada vez mais e aí acabou o dia.

> Meu pai sentava numa cadeira de balanço e ficava ouvindo rádio. Eu já tinha algumas músicas gravadas; minha mãe sabia das minhas composições, mas o meu pai não. Aí, de repente, tocou uma música e o locutor falou: "Acabamos de ouvir, de Menescal e Bôscoli, 'Nós e o mar'". Ele parou de balançar a cadeira por um instante e em seguida voltou a balançá-la novamente. Depois, minha mãe veio me dizer:
> – O seu pai perguntou se esse Menescal que falou no rádio era você.
> Pouco depois, ele partiu.

Balansamba

Quando Lúcio Alves ouviu a música "Balansamba", disse:
– Poxa, essa música é muito interessante!
E acabou que o título do disco que ele gravou com músicas minhas ficou *Balançamba*.
Musicalmente falando, "Balansamba" é uma música toda "quebrada" e eu achava isso muito natural. Na hora de escrever o arranjo para o disco do Lúcio foi um pouco difícil, mas o maestro – que tinha a cabeça bastante aberta – falou:
– Se você está tocando e está soando bem, a gente tem que dar um jeito de acertar isso tecnicamente e botar no papel.
Aí, ele fez o arranjo e nós fomos gravar com uma orquestra de uns vinte músicos. Quando os músicos começaram a tocar, um flautista muito mal-humorado – não me lembro o nome dele – falou:
– Não vou tocar essa porcaria, não!
Guardou a flauta e foi embora.
Eu tomei um choque com aquilo. De repente, outro músico levantou e disse:
– Desculpa, mas eu também não vou gravar isso, não! Tocando isso, estamos promovendo um negócio que é musicalmente errado.
Mais uns cinco músicos se levantaram e também foram embora. Ficou "aquele" clima no estúdio, né? Pensou-se até em tirar a música do disco, mas aí, Jorginho da Flauta, um músico mais esclarecido, pediu para que eu tocasse a música e falou:
– Pô, tá soando bem. Olhando a partitura tecnicamente, a gente vê que é "quebrado". Mas tá soando bem, então vamos gravar! Esqueçam um pouco a técnica, vamos ver as notas que estão escritas e vamos sentir a música.
Acabou dando certo: gravamos e ficou muito legal.
Mas naquele dia quase desisti de ser músico porque pensei que estava fazendo tudo errado, achando que tudo estava certo. Foi bom, porque aprendi que as coisas não são tão radicais assim. A bossa-nova fez isso, lançou muita coisa que era considerada até errada na época.

Ah!, se eu pudesse

Quando Nara Leão e Ronaldo Bôscoli terminaram o namoro, ele fez essa letra pensando nela e nas coisas que tinham acontecido. (Não sei se algum dia ela soube que a música foi feita para ela.) Ele estava muito arrependido pelo que tinha feito. Em um trecho, ele fala daquela nossa fase de ir a Cabo Frio nos finais de semana:

> Ah!, se eu pudesse
> No fim do caminho
> Achar o nosso barquinho e levá-lo ao mar.

Até hoje, quando toco essa música, me lembro muito da Nara.

•

Essa música veio de uma época que em poucos meses eu escrevi muitas músicas. Estava numa época muito fértil, foi na nossa fase do amor; fazíamos música porque vivíamos aquilo.

•

O Tom gostava muito dessa música. Um dia, ele ligou pra mim e disse:
– Menesca, estou com uma música sua aqui e estou adorando.

Aí, fui para casa do Tom – todo feliz de ouvir que ele estava adorando a minha música. Ele já estava tocando a música quase toda, quando pediu para eu ensiná-lo a tocar a música inteira, e ficamos na casa dele tocando até as quatro horas da manhã. Naquele momento, eu até pensei: "Essa música deve ser legal mesmo, o Tom gostou tanto".

A morte de um deus de sal

Sempre que íamos a Cabo Frio, saíamos para pescar com o mesmo barqueiro e ele se tornou muito amigo da gente.

Um dia, fomos a Cabo Frio cheios de animação para mais um dia de pesca. Quando chegamos a Arraial do Cabo, vimos uma multidão de pescadores na praia de onde sempre saíamos para pescar. Chegamos perto para ver o que tinha acontecido e vimos que estavam trazendo o corpo desse nosso amigo barqueiro. Ele tinha saído para pescar numa canoa pequena. Um peixe grande fisgou o anzol, a linha se embaraçou nele e encontraram o peixe e ele mortos, boiando no mar.

Para nós, aquilo foi um choque muito grande, porque não tínhamos muitos choques desses na vida. Ainda estávamos no começo de uma vida – que seria muito interessante dali em diante – e ficamos atônitos. Não sabíamos o que dizer ou o que fazer. Resolvemos fazer uma música para ele, porque era a única homenagem que poderíamos prestar a alguém que havia nos proporcionado tantos momentos bons.

A música começa assim:

> Fim
> Morreu João
> João do mar

> Deus quem quis levar
> Quem levou pro fim
> Um deus do mar
> Que outro deus matou
> Que pescar pescou
> Mas que não voltou.

"A morte de um deus de sal" não é uma música tão conhecida, mas é nossa homenagem, em que a gente conta a história desse pescador que era um deus do mar.

Você

Um dia, Ronaldo falou assim pra mim:

– Beto, eu tô fazendo tantos shows com duplas... Por que a gente não faz uma música pra duas pessoas cantarem, cantando uma para outra?

– Como?

– Uma fala uma coisa e a outra responde.

Aí, a gente fez:

> Você
> Manhã de todo meu
> Você
> Que cedo entardeceu
> Você
> De quem a vida eu sou
> E sei, mas eu serei.

Então fizemos essa música encomendada por nós mesmos. "Você" tem um tema meio jazzístico. Uma música que ficou muito conhecida.

Vagamente

Bôscoli e eu tínhamos marcado de ir a algum lugar e combinamos que ele passaria na minha casa. Quando chegou, ele disse:

– Vamos lá, que nós já estamos atrasados.

– Deixa só eu te mostrar uma música que fiz hoje.

– Então mostra aí.

Mostrei a música e ele disse:

– Gostei muito. O que essa música te lembra?

– Ronaldo, não pensei em nada, não...

Com Wanda Sá (2010)

– Mas me dê uma pista! (Sempre que alguém faz uma música, pensa em alguma coisa, o que pode ser uma dica para o letrista.)
– Poxa, eu tô me lembrando vagamente de alguma coisa...
– Tá bom, essa pista já basta.

Ele pegou a frase dita por mim e fez a música em cima disso. Eu ia fazer um disco com a Wanda Sá e quando terminamos essa música, resolvemos lançar juntos (eu e Wanda). O disco dela também ficou com o nome *Vagamente*. Não compusemos essa música pensando na Wanda, mas quando ficou pronta, achamos que era pra ela.

Copacabana de sempre

Em 1992, quando o bairro de Copacabana comemorou 100 anos, o jornal *O Globo* encomendou uma música para um disco com canções sobre Copacabana. Então, Ronaldo e eu compusemos "Copacabana de sempre", que foi a última música que fizemos juntos.

Fizemos essa música meio que contando a história da gente. Há umas frases muito bonitas na música. A letra é uma viagem por Copacabana. É só ouvir a música que você vai entender o que estou falando.

Bastidores da música

A gente não escolhe a vida muito, não. Ela vai levando a gente. Ela escolhe o que a gente vai fazer.

Elis Regina

Em 1968, a Elis me convidou para fazer uma temporada de shows no Rio de Janeiro e, logo em seguida, veio um convite para tocar no Midem, que é uma feira de música que acontece em Cannes, na França. Estávamos tocando e nosso produtor recebeu uma proposta de um produtor europeu para que começássemos uma turnê pela Europa no dia seguinte. Aceitamos e fizemos uma turnê de um mês pela Europa. Nessa turnê, gravamos um disco na Suécia com o Toots Thielemans – um dos maiores gaitistas – chamado *Aquarela do Brasil – Elis Regina e Toots Thielemans*.

Voltamos para o Brasil e fomos convidados a fazer uma gravação em Londres. Gravamos o disco *Elis Regina in London* junto com o meu grupo e com uma orquestra grande. Gravamos esse disco em dois dias e logo em seguida fomos convidados para fazer outra turnê pela Europa, começando pelo Olympia, que é uma das casas de shows mais famosas na Europa. Então, fizemos uma série de outros shows, rodamos o Brasil e fizemos muita coisa por aqui.

Terminamos nossa turnê em Londres. Estávamos em turnê fazia um mês e eu já estava sufocado por aquele ritmo acelerado da Elis, que eu não conseguia acompanhar. Era 23 de dezembro, nosso último dia em Londres, e ela falou assim:

– Sai comigo que eu quero fazer umas compras.

– Tomara que sejam as últimas mesmo... (Ela já estava com seis malas cheias.)

As ruas de Londres estavam todas lotadas, os lugares estavam aquela loucura... Ela comprando, eu carregando aquelas sacolas e dizendo:

– Elis, vamos embora? Não dá para levar mais nada!

Passamos pela esquina da Oxford Street com a Regent Street, onde havia uma loja enorme só de noivas. Então, a Elis falou:

– Peraí que eu tenho que entrar nessa loja.

– Para quê, Elis? O que você vai comprar? Você já é casada!

– Mas eu tenho que ver umas coisas!

– Então eu te espero aqui na esquina porque não aguento mais entrar em lojas. (Eu já estava sentindo como se estivesse ficando maluco! Aquela movimentação, gente por tudo quanto é lado...)

– Então me espere aqui.

Ela entrou na loja, eu olhei para o lado onde ficava a entrada do metrô. Não aguentei e desci a escada rolante para o metrô. Cheguei ao hotel, entrei na banheira pra me acalmar, mas sabia que assim que ela chegasse iria telefonar pra mim.

O telefone tocou e ela já começou dizendo meio brava:

– Você...

E eu falei no mesmo tom:

Em Cannes (França) Com Edu Lobo e Elis Regina (1968)

– Como é que você me deixa no meio daquela rua, cheio de embrulhos e some?
Aí, ela ficou meio sem jeito e disse:
– Ah, desculpa, é que eu não te achei mais...
Eu não tive coragem de dizer que fugi dela.

■

Saímos de Londres, pegamos um avião para o Rio. Sentei na poltrona da janela, ela sentou ao lado. Peguei um livro, ela pegou um livro também e nós ficamos lendo em silêncio. De repente, ela vira pra mim e diz:
– Você pensa que eu vou ser uma Elizete Cardoso, que precisa ficar cantando com mais de sessenta anos pra sobreviver? Não vou, não! Você vai ver que eu não vou.
E eu disse:
– Não tô pensando nada. Estou aqui lendo!
Anos depois, quando ela morreu, a primeira coisa que me veio à cabeça foi essa imagem dela dizendo que eu não a veria com mais de sessenta anos cantando.

■

Parei de trabalhar com a Elis em 1970 e foi quando eu entrei para a PolyGram. O ritmo de trabalho com Elis era sempre muito acelerado, foi o ritmo de trabalho mais acelerado que conheci na minha vida. Depois entendi que a Elis viveu naquele ritmo alucinante porque viveu uma vida inteira na metade do tempo; tudo aquilo que a gente faria numa vida inteira, ela fez na metade do tempo!

PolyGram

No final da década de 1960 eu tocava com Elis Regina. Toquei com ela uns dois anos e, nesse tempo, gravamos discos, fizemos turnê, viajamos bastante. Mas a Elis era uma pessoa intensa e você não consegue lidar com isso com muita facilidade. Essa época foi ótima, mas fiquei muito tenso. Chegou um ponto em que não consegui mais acompanhar aquele pique todo dela.

Tenho um grande amigo, André Midani, que na época era presidente da PolyGram e todos os sábados e domingos a gente andava pela praia e conversava sobre trabalho. (Na época, eu tocava com a Elis, mas já fazia uns trabalhos para a PolyGram.) Um dia, falei pra ele:
– André, vou parar de trabalhar com a Elis.
– Não faz isso, Roberto, a carreira dela está tão boa!
– Eu sei, mas estou querendo fazer outras coisas.
– Tem certeza?
– Sim, estou decidido.
– Então, quero você lá na PolyGram.
– Como?
– Eu quero você lá como contratado da PolyGram.
– Empregado da PolyGram? Hum... mas eu nunca fui empregado...
– Mas eu estou te fazendo uma proposta.

Diretoria da PolyGram (1980)

– Tem que ir todos os dias?

– Claro, Roberto! Você será um empregado da PolyGram!

– Então me dê uns três dias para pensar.

Pensei, voltei a conversar com ele e acabei aceitando ser produtor. Trabalhei quase um ano como produtor e logo depois ele me propôs ser o diretor artístico da gravadora, cargo que ocupei por 15 anos.

Ditadura: um jogo de cão e gato

Phono 73

Tinha muita gente importante no cast da PolyGram. Na ocasião, a revista mais famosa era a *Manchete* e resolvemos mostrar nosso tamanho (isso deve ter sido mais ou menos em 1972): compramos as páginas centrais da revista e colocamos uma foto com todos os nossos artistas e principais executivos ligados à música. O título era: "Só nos falta o Roberto [Carlos]", e isso foi um "escândalo" no mercado. A repercussão foi uma loucura!

Na mesma época, fizemos três dias de show no Teatro Anhembi, com todo o nosso *cast*, chamado *Phono 73* ("Phono", porque na época a gravadora se chamava Phonogram, hoje Universal). Nesse show, às vezes, formávamos duplas inusitadas, como, por exemplo, Caetano Veloso cantando com Odair José (eles cantaram a música "Eu vou tirar você desse lugar").

Para esse show, Chico Buarque e Gilberto Gil fizeram uma música chamada "Cálice", que era uma menção à época, à ditadura. Mas a música foi vetada pela censura e não poderia ser apresentada. Chico e Gil disseram que queriam cantar de qualquer maneira. Então, decidimos que eles cantariam a música, mas havia o risco da polícia entrar no meio. Esses três dias de show estavam sendo gravados e eu estava lá em cima, trabalhando na gravação. Eles

Com a esposa Yara e Roberto Carlos (1980)

começaram a cantar, um cara da censura subiu correndo até o lugar onde eu estava e falou:

– Para, para! Tira o som!

E eu tirei o som da sala, mas continuei gravando. Aí o cara olhou para baixo e viu que eles continuavam cantando.

– Mas os caras continuam cantando! Tira o som!

Aí, eu disse:

– Você pediu pra tirar o som, eu tirei o som daqui, mas o som lá de baixo não sou eu quem controla.

O cara saiu correndo, e Chico e Gil foram impedidos de cantar o fim da música. Quando o show acabou, todo o mundo teve que ir à delegacia de polícia, e acabou dando um rolo danado!

■

Você não entende nada

A ditadura foi um período grande e antes de gravar as músicas, a gente tinha que mandar todas para a censura, para eles avaliarem se ia poder gravar ou não. E foi aí que começou um jogo de cão e gato.

Quando Caetano fez aquela música "Você não entende nada", ele dizia: "Eu como, eu como, eu como, eu como, eu como / Você", e eu vi que seria muito difícil isso passar pela censura. Então reescrevi a letra antes de mandar para eles e fiz uma pequena modificação na forma: "Eu como, eu como, eu como, eu como, eu como" aí, pula uma linha, "Você não está entendendo quase nada do que eu digo". A música foi aprovada pela censura, mas na gravação dizia: "Eu como, eu como, eu como, eu como, eu como / Você". Lá na censura, ficaram irados e me chamaram, e queriam me prender! Aí, tentei explicar, disse que foi gravado desse jeito porque precisava de uma pausa para respiração entre uma frase e outra...

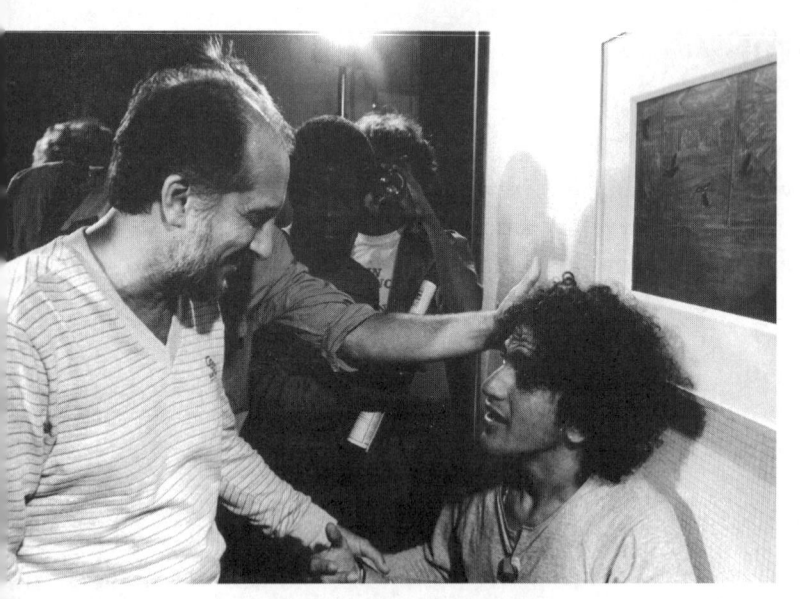

Com Caetano Veloso (1982)

Escondendo a Índia

Lembro-me também de um disco da Gal Costa chamado *Índia*. A foto da capa é ela vestida de índia com os seios de fora. Aí, quando a censura viu aquilo, disse:
– Vocês não podiam lançar o disco com essa capa.
– Mas vocês não pediram pra ver a capa...
– Vocês têm que tirar esse disco do mercado.
– Não podemos...
– Ou vocês dão uma solução ou tiram do mercado.

Então, dei uma solução: colocamos o disco dentro de um saco plástico azul, que escondia a foto, e isso fez aumentar as vendas do disco, porque todo mundo queria ver a capa.

A censura dava essas "bobeadas" que acabavam por chamar ainda mais a atenção para o produto. Tivemos de ser muito criativos nessa época!

Eu nem tinha percebido...

Outra vez, também aconteceu que nós lançamos um disco do Bob Marley e a censura me chamou. Tive que ir à Polícia Federal – que era barra pesada – e resolvi levar um advogado porque já estava ficando preocupado, com medo de ir e acabar não voltando mais para casa. Chegando lá, o cara falou para mim:

– Como você faz um negócio desses? É indução ao uso da maconha.
– O que foi que eu fiz?
– A capa do disco induz a garotada ao uso da maconha!
– Olha, eu realmente não sei do que você está falando. Posso ver a capa?
Eu olhei a capa e disse:
– Realmente, não estou vendo nenhuma relação com a maconha...
– Você é muito cínico mesmo... Vire a capa.

Quando virei, vi que a capa era inteira uma folha de maconha. Eu nem tinha percebido isso, porque a gente lançava muitos discos internacionais por mês e acabou passando... Ele pensou que eu fosse cínico e quis me prender, mas eu realmente não tinha visto aquela capa. A gente vivia o tempo todo nesse perigo.

■

Julinho da Adelaide

O Chico Buarque estava sem poder gravar porque todas as músicas dele eram censuradas. (Tinha sido, inicialmente, aprovada pela censura uma música dele chamada "Apesar de você" – que eu não sei se ele fez pensando na ditadura, mas que todo mundo comentou que sim, e por isso ela acabou sendo vetada depois. Por isso, começaram a vetar tudo que o Chico fazia, mesmo as músicas que não tinham nada a ver com protesto, porque já desconfiavam que poderia haver uma mensagem "por trás".) Aí, eu fiz uma reunião com o Chico e disse:

– Chico, eu tenho uma ideia. Grave um disco todo com músicas de outras pessoas, já aprovadas pela censura, que é uma forma de você lutar, de protestar por não ter o direito de gravar as suas composições.

Mostrei a ele uma música chamada "Sinal fechado", que o Paulinho da Viola havia feito, e disse que achava que esse devia ser o título do LP, porque aí ficaria *Chico Buarque. Sinal fechado*, e ficaria na cara a mensagem que a gente queria passar. O Chico gravou o disco inteiro com músicas dos outros e teve então a ideia de fazer uma música e usar um pseudônimo. Ele fez uma música chamada "Acorda amor", assinou como Julinho da Adelaide, mas ninguém sabia que era o Chico. A censura aprovou a música do Julinho da Adelaide e, dois meses depois – pelo boca a boca –, todo o mundo ficou sabendo que o Julinho da Adelaide era o Chico. A censura ficou uma fera com a gente, mas juramos até o fim que a música era do Julinho da Adelaide.

O futuro mago, o maluco beleza e eu

Quando contratei o Raul Seixas, o Paulo Coelho chegou com ele. Perguntei ao Raul:
– Mas quem é o Paulo?
– Paulete (ele chamava o Paulo de Paulete) é o cara com quem eu faço tudo... Faço letra e tal, é o cara com quem vou fazer isso, fazer aquilo...

Tudo o que era difícil de negociar, tudo que era coisa que ele queria falar, era o Paulo quem falava e fazia por ele.

O Paulo dizia:
– O Raul não vai fazer isso de jeito nenhum.
– Vou falar com o Raul – eu dizia.

– Não adianta...

Então, ele era o escudeiro do Raul. Paulo ficou aquela pessoa antipática para mim, porque eu brigava muito com ele. Tudo o que eu tinha que brigar com o Raul, briguei com o Paulo. No final, fomos nos aproximando e acabamos fazendo toda aquela estratégia de lançamento do Raul: a gente bolou umas loucuras, como o Raul cantando no meio da rua (esse foi o primeiro show feito no meio da rua – lá na avenida Rio Branco), discos voadores no show... Nós três bolávamos muitas coisas diferentes.

Conheci o Paulo em meio a brigas, fomos ficando amigos e somos grandes amigos até hoje. Ele é uma pessoa incrível!

■

Convidei o Paulo para trabalhar comigo na PolyGram e abrimos um departamento criativo, onde a gente preparava toda a estratégia de lançamento, redigia os artigos para a imprensa e fazia músicas com o artista.

Paulo Coelho: quero ser escritor!

O Paulo foi meu funcionário na PolyGram durante uns cinco anos e quando trabalhava lá, ele vivia dizendo:

– Eu preciso sair daqui, porque quero ser escritor.

E eu dizia:

– Paulo, mas você vai sair pra quê? Escreva livro e continue na PolyGram.

Até que um dia, ele falou:

– Roberto, vou sair. Vou para Londres.

Isso foi em 1978/79... não sei bem. Ele foi e passou um ano por lá, escrevendo. Todas as segundas-feiras, eu mandava uma carta para ele e ele mandava uma para mim (as nossas cartas se cruzavam no meio do oceano) e, no final do ano, eu falei:

– Paulo, qual é a realidade? Você escreveu, escreveu... e ninguém lançou nada seu. Volta pra cá.

– Roberto, não posso. Se fizer isso, estarei assinando o meu fracasso... A não ser que você venha me buscar, porque aí eu posso voltar e dizer que voltei porque você foi me buscar.

Paulo Coelho, Nara Leão e Yara Menescal (1980)

Fui para lá, passei 15 dias com ele e voltamos juntos. Ele trabalhou na PolyGram por quase dois anos até decidir que tinha mesmo que ser escritor. Foi aí que ele estourou e o que aconteceu depois todo o mundo já sabe.

Bye bye, Brasil

Um dia, o Cacá Diegues – marido da Nara Leão – que era muito meu amigo, falou:
– Queria fazer um jantar aqui em casa e convidar você e o Chico Buarque.
– Tá legal, mas por quê?
– É que eu queria conversar com vocês.

Fiquei sem saber o que ele queria. Apesar de eu ser produtor do Chico, nós não tínhamos amizade e a gente só se encontrava no ambiente de trabalho.

No dia do jantar, Cacá disse:
– Eu quero encomendar uma música para vocês, para um filme que eu estou fazendo, chamado *Bye bye, Brasil*.

Chico e eu nunca tínhamos feito música juntos, mas Cacá disse:
– Tenho certeza que vai dar certo fazer essa mistura de vocês.

Combinamos que primeiro eu faria a música e mandaria para ele colocar a letra. Eu estava superempolgado com a coisa e, no dia seguinte, fui a São Paulo – eu sempre ia a São Paulo e voltava no mesmo dia – e na volta, o piloto disse que teríamos que aguardar enquanto ele resolvia um problema técnico, e que não valeria nem a pena descer do avião porque seria muito rápido.

Eu estava na poltrona do meio, entre dois caras enormes. Cada um ocupou um braço da minha poltrona e eu fiquei espremido. Tirei um papel do bolso, fiz uma pauta e resolvi fazer a música "Bye bye, Brasil" ali mesmo. O título "Bye bye, Brasil" tinha ficado na minha cabeça. Escrevi quatro notas e pensei: "está bom, já tenho a ideia". Cheguei em casa e fiz a música. Chamei o Cacá, que era meu vizinho, mostrei a música e ele disse:
– Rapaz, é isso mesmo. Só que você não pode definir um ritmo; não pode ser samba, choro... nada disso, porque a música se passa em todos os lugares do Brasil.

Mandei a música para o Chico e dois meses depois a letra ainda não estava pronta. Cacá disse:
– Vamos dar mais um mês. Mais do que isso não posso esperar.

Gravamos a trilha toda do filme e o Cacá falou:
– Vamos mixar o disco e a música vai ficar sem letra mesmo.

Estávamos no estúdio mixando, quando de repente o Chico entrou. Ele foi largando no chão uns vinte papéis, um grudado no outro, que era a letra de "Bye bye, Brasil". (A letra da música é grande, não é? Ela era umas dez vezes maior.) Aí, o Cacá pegou uma tesoura, cortou uns três papéis daqueles e disse:
– Pra mim, isto é o suficiente.

Chico gravou, a música foi para o filme e fez muito sucesso.

No tempo que trabalhei na PolyGram, não compunha, nem tinha mais instrumento, porque resolvi produzir, tratar da carreira de outras pessoas, e achei que não podia ficar fazendo música enquanto estava julgando música dos outros. De repente, um artista poderia resolver gravar uma música minha e eu não saberia se ele queria gravar porque gostava realmente da música ou porque eu era o diretor artístico dele. Sei lá! Então, achei que não era ético da minha parte fazer música nesse período. A única música que fiz nessa época foi "Bye bye, Brasil".

■

Uma proposta irrecusável?

Nessa época, estava entrando no Brasil uma gravadora alemã chamada Ariola e estava vindo com toda a força, e dinheiro que não acabava mais. Eles marcaram uma reunião comigo e queriam me levar para lá.

– Não quero sair da PolyGram, estou bem lá – eu disse.

– Está bem, mas a hora que eu te fizer a proposta, você vai mudar de ideia.

A proposta que eles fizeram realmente me fez parar para pensar. Era irrecusável: eles me convidaram para ser o presidente da Ariola. Ficamos conversando e tomando uns drinques até tarde, e quando cheguei em casa, minha mulher falou:

– Nara teve um problema, foi pro hospital e parece que é grave.

Cheguei ao hospital às três horas da manhã e ninguém sabia direito o que estava acontecendo. A Nara havia caído e batido a cabeça, e não se sabia se ela tinha caído por causa de um problema na cabeça ou se ela teve o problema por ter batido a cabeça.

O médico que estava cuidando dela sentou-se ao meu lado e começou a dizer:

– Pois é, eu conheço a Nara muito bem, sei que você também. Nara é assim: voltou a estudar, foi fazer faculdade, já queria ser a primeira da classe; se e¹a começasse a correr na praia, ia querer ir pras Olimpíadas... Ela quer sempre fazer tudo o melhor possível. Eu falo pra ela: "Não precisa disso, Nara, vai devagar".

E ele começou a falar aquilo como se fosse pra mim. Claro que ele não falou isso diretamente pra mim, mas pensei: "Porque você vai sair da PolyGram e vai pra outra gravadora só porque ela vai te dar mais dinheiro e tal?". Naquela hora, decidi que não iria para a Ariola.

No dia seguinte, eu teria que assinar o contrato. Fui para o encontro, muito envergonhado,

Com Nara Leão e diretoria da PolyGram (1983)

e quando os alemães chegaram, eu disse:

– Não vou assinar com vocês.

Na hora, eles ficaram vermelhos de raiva e eu tentei explicar:

– Tenho uma razão muito forte para isso.

– Você teve uma contraproposta?

– Não, a PolyGram não sabe que eu ia sair.

Continuei na PolyGram e eu sabia de toda a estratégia, de todos os truques da Ariola, porque eu sabia de tudo o que eles pretendiam. Eles queriam levar para lá o Chico, o Caetano, o Milton Nascimento... Um monte de gente, a maioria da PolyGram. Eu conhecia a proposta que eles fariam para cada um e sabia que tinha alguns milhões de dólares no meio.

Cheguei à PolyGram, contei pra eles o que estava acontecendo e disse que eles levariam todos os artistas que pudessem. Não levariam todos, porque os artistas tinham contratos a cumprir. O próprio Chico tinha acabado de assinar um contrato de três anos que havia sido feito por um tio dele que era advogado – era o único contrato da PolyGram que não havia sido feito por nós.

Marquei um encontro com o Chico e conversei com ele.

– Chico, eu sei de tudo. Fui convidado para ser presidente da Ariola, mas não aceitei. É o seguinte, você vai querer sair, com toda a razão, mas a PolyGram, por outro lado, não vai querer que você saia porque ela tem contratos assinados com os artistas.

– Pô, mas eu já fiz muito pela PolyGram...

– Chico, numa boa, a PolyGram também já fez muito por você. A PolyGram apostou muito em você quando você ainda nem vendia disco. Então, vamos procurar fazer uma coisa que seja boa, porque aí eu posso lutar lá dentro pra te liberar. Eu não tenho como chegar lá e dizer: "Libera o Chico que ele vai ganhar uma grana".

– Mas o que você sugere?

– Eu sugiro o seguinte. Você deve três discos à PolyGram. Não faz os três, faz um só. Você pode cantar as suas músicas em espanhol. Assim, não precisa compor músicas novas. É só pegar as gravações, tirar a sua voz em português e colocar a sua voz em espanhol. Aí, a gente consegue atender o mercado de música em espanhol que gosta muito de você.

Ele gostou da ideia e concordou em fazer o disco.

Duas ou três semanas depois aconteceu uma premiação no Copacabana Palace. Estavam lá vários artistas, mas eu não vi o Chico. Quando anunciaram a nossa música como a melhor do ano, Toninho de Moraes – que era o procurador do Chico – subiu ao palco e disse:

– Chico Buarque manda agradecer muito este prêmio, mas ele não pode vir aqui receber ao lado da pessoa que o impede de continuar sua carreira. (Fiquei sabendo que depois da nossa reunião, o Chico havia resolvido não fazer o disco em espanhol.)

Na hora, a imprensa toda veio para cima de mim perguntando:

– O que você diz?

– Não digo nada! Não tenho nada a dizer, porque foi o Chico quem disse isso. Então, vocês têm que perguntar a ele e não a mim.

– Mas o que você acha da atitude dele?

– Não acho nada! Não vou me pronunciar.

Aí, ficou aquela confusão. A Simone me defendeu muito e eu estranhei, porque não tínhamos uma relação muito próxima. Muitas pessoas me apoiaram, inclusive o Arrigo Barnabé, que eu também não conhecia.

Fiquei quieto – e até hoje estou quieto sobre esse assunto – e o Chico também não falou nada. A imprensa publicou muita coisa sobre isso. Depois, o Chico topou fazer o disco em espanhol. Eu mesmo lutei pela liberação dele e ele foi para a Ariola.

Oficialmente, a imprensa "nos brigou" e nós nunca mais nos falamos. Nós nos cruzamos umas duas vezes depois disso e nos olhamos bem. Então, isso já me deixou feliz.

■

O contrato de 1 dólar

Muitos artistas deixaram suas gravadoras e foram para a Ariola. Logo, ela passou a ocupar o primeiro lugar no mercado.

A Ariola dava festas incríveis, jantares, presentes... Mas eu achava que eles não podiam estar ganhando dinheiro gastando da maneira como gastavam, porque disco não rende esse dinheiro todo. Não deu outra, uns três ou quatro anos depois, a Ariola faliu. (Eles não declararam falência oficialmente, "faliram na moita".) O pessoal da Ariola fez uma reunião secreta com a PolyGram e disse:

– Vamos sair do mercado brasileiro e queremos fazer uma negociação com vocês.
– Não estamos interessados em comprar a Ariola.
– Nós queremos dar a Ariola para vocês.
– Mas como?
– Damos os contratos, os discos, os artistas... Damos tudo para vocês.
– Mas como fazemos isso?
– Trouxemos um contrato de compra e venda pronto, no valor de um dólar.

Então existe um contrato feito entre a Ariola e a PolyGram, no qual a PolyGram compra a Ariola por um dólar! (Esse um dólar é um valor simbólico, porque não se pode dar alguma coisa por contrato; tem que existir um valor para a venda.)

Mudanças

O início da década de 1980 foi muito difícil para a indústria da música devido a uma crise de petróleo no mundo, porque o disco é subproduto do petróleo. Até então, a maioria dos presidentes de gravadoras eram pessoas que tinham sido artistas e, a partir dessa crise, os donos das gravadoras começaram a tirar os artistas da direção (porque quando você falava "não pode gravar mais de dez discos", os caras gravavam vinte) e colocar pessoas da área administrativa, que não tinham conhecimento algum de música. Lembro-me de um dos presidentes que passou por mim e disse:

– Este disco tem muitas trombetas.
– Que trombeta? Não tem nenhuma trombeta neste disco! (Aí, começou uma discussão interna, porque não estava dando certo ter gente da área administrativa lidando com música.)

Um presidente da EMI/Odeon foi assinar o contrato da Clara Nunes e perguntou:

– Vem cá, como é que a gente recebe o artista? De terno e gravata?

Na PolyGram (1979)

E responderam para ele:
– Não, é à vontade mesmo.

No dia, o cara apareceu de bermuda, camisa com estampa de abacaxi, sandália, meias brancas... Aquela típica figura de turista.

Então, isso criou uma confusão muito grande dentro das gravadoras. Continuei na gravadora, mas muito triste porque quando você queria fazer alguma coisa, não dava porque "não podia isso, não podia aquilo..."

Os últimos tempos na PolyGram

Um dia, o presidente da PolyGram – que era um holandês – me chamou e disse:
– Roberto, vou sair da PolyGram.
– É, eu também estou muito propenso a sair.
– Estou indo para Londres, onde vou ocupar um cargo muito bom. Quem vai me substituir vai ser um cara muito legal, um inglês.

Ele me falou o nome do cara e, na hora, eu telefonei para uns amigos meus da Inglaterra e perguntei se conheciam esse novo presidente. Nisso, descobri que ele não era inglês, era sul-africano. Fui falar com o presidente outra vez:
– Você disse que o cara é inglês e eu descobri que ele é sul-africano.
– Mas tem passaporte inglês! – disse brincando.

(Em meados da década de 1980, o mundo inteiro estava boicotando a África do Sul por causa do *apartheid*. Como é que a gente ia trazer um sul-africano para a PolyGram?)
– Se um sul-africano vier, eu não vou ficar. Não é nada contra ele, mas sim contra a África do Sul.

Quando o presidente viajou, fiz uma reunião com os diretores e falei:
– Vamos tomar o poder. Vamos dizer que a gente não aceita um cara da África do Sul, mas que um de nós pode ser o presidente.

Claro que no dia seguinte, todo o mundo "pulou fora".

Quando o novo presidente chegou, marquei uma reunião com ele e disse:
– Eu fui contra a sua vinda. Não é contra a sua pessoa, mesmo porque eu não te conheço, mas tomei uma atitude política...
– Roberto, não precisa me dizer, porque umas dez pessoas já me contaram isso. Mas o que você pretende fazer?
– Eu já tomei uma decisão. Vou sair da PolyGram, mas fico o tempo que você precisar.
– Preciso que você fique aqui por mais dois meses, mas queria contar com você mesmo fora da gravadora.
– Como? Eu quero sair da gravadora.
– Você poderia prestar algum serviço para a gravadora. Vá pra casa, pense e conversamos na segunda-feira.

Fui pra casa, pensei e falei com ele na segunda:
– Vou sair da PolyGram, mas posso fazer um contrato de prestação de serviços para fazer montagem de discos novos a partir do nosso catálogo.

Ele não pensou duas vezes e me deu tudo o que eu pedi. Ele foi muito legal comigo. Perguntei a ele se queria pensar um pouco sobre a minha proposta, mas ele disse:
– Não quero pensar. Sou o presidente da companhia e o que eu resolver está resolvido.

É claro que isso criou um ciúme danado, porque continuei ganhando o mesmo que ganhava e não precisava ir à gravadora. Eu trabalhava em casa e ia lá uma vez por semana. Os outros não acharam isso justo e o presidente disse que se depois de um ano o meu rendimento trabalhando em casa fosse bom, poderia propor algo assim para os outros diretores.

Um ano se passou e fiz duas séries. A primeira se chamava Personalidades, que era uma série de discos em que eu colocava o melhor de cada artista. Fiz uma capa especial para cada um e pedi para que botassem o preço mais alto da companhia, porque se era o melhor, tinha que ser o mais caro. Fiz outra série, chamada On the Road, que era só para ouvir no carro (na época era fita cassete). A série On the Road vendeu um milhão e quinhentos mil cassetes e a Personalidades vendeu logo de início dois milhões e quinhentos discos. Com isso, fiquei numa posição invejável na gravadora. Então, o presidente chamou o pessoal da companhia e perguntou:

– Quem foi contra a negociação que fiz com o Menescal?

Claro que ninguém levantou a mão.

– Eu me lembro bem. Foi você, você e você. Se vocês me trouxerem ideias assim, podem trabalhar em casa numa boa.

Roberto Menescal (1976)

Uma nova etapa: a produtora

Passei aqueles dois meses na PolyGram, sem dizer que ia sair e numa sexta-feira mandei um comunicado interno dizendo que estava saindo.

Cinco minutos depois que eu mandei o comunicado, o Raimundo Bittencourt, que é muito ágil, ligou para mim e disse:

– Roberto, fiquei sabendo que você está saindo da PolyGram. Preciso falar já com você.

– Não, Raimundo, quero o final de semana e mais dois dias livres porque vou andar na praia. Na quarta-feira, a gente se encontra.

Na quarta-feira nos encontramos e fizemos sociedade para abrir uma produtora.

112 ideias

A primeira pessoa, fora o presidente da companhia, a saber que eu ia sair da PolyGram foi o Paulo Coelho. Ele vivia dizendo:

– Roberto, você precisa sair, você está se matando nessa companhia. Você não pode ficar preso aí!

– Mas, Paulo, eu tô numa situação boa. Eu sou um dos caras que mais ganha neste mercado.

– E daí? E a sua vida?

Quando falei para ele que tinha pedido demissão, ele vibrou:

– Grande, grande! Estou indo para a sua casa!

– Não comenta com a minha mulher. Ela ainda não sabe.

Eu morava em Ipanema, em um apartamento que tinha um jardim atrás. Fomos para o jardim com uma prancheta, uns papéis, e ele disse:

– Vamos falar sobre o que nós vamos fazer juntos.
– Como assim?
– Nós vamos fazer alguma coisa juntos e hoje vamos sair daqui com uma ideia.

Nós tivemos 112 ideias. Muitas delas eram loucas, do tipo:

– Vamos passar o fim de semana em Marte.
– Hum, bacana...
– Ah, mas vai ser difícil...

Então, tudo quanto é loucura tá lá nessa lista. Mas, no meio dessas loucuras, existiam algumas ideias boas. Escolhemos essas e ele disse:

– Vamos escolher alguma.

Escolhemos uma que é o seguinte: chegamos à conclusão que tem muita gente nesse país escrevendo, o porteiro faz uma letra de música, o outro escreve uma poesia, o outro escreve no seu diário...

– O que a gente pode fazer para essas pessoas?
– Bom, as pessoas teriam o maior prazer em ouvir as suas poesias musicadas. A gente poderia fazer música para essas poesias.
– Mas como é que a gente chega a isso?

Então, resolvemos montar uma firma chamada Golden Music. Uma semana depois, a firma estava aberta. O que chegava de letra de música, de poesia... e já vinha com o pagamento junto. O cara já mandava a letra e o pagamento; eu musicava, gravava e mandava para a pessoa. Aí, eu montei uma equipe e, de repente, nós tínhamos umas dez pessoas trabalhando nisso. A minha vida virou um inferno! Algumas pessoas chegavam a mandar 12 letras para fazer um LP com as suas músicas.

O Paulo disse:

– Roberto, sei lá se a gente vai ficar com isso ou não vai. Mas isso mostra que a gente tem o poder de fazer milhões de coisas, basta a gente decidir. Uma semana depois de ter essa ideia, a gente já estava ganhando dinheiro com isso.

Menos de um ano depois, vendi a Golden Music e fiquei com a produtora. Um ano depois, comprei um estúdio também e estou aqui até hoje com esse selo, que pode lançar disco, produzir ou vender músicas. Quer dizer, você produz e vende a gravação, que é o que a gente faz hoje. Grande parte do meu trabalho hoje vai para o Oriente, e trabalho também fazendo gravações.

Produzindo arte

Participei da vida artística de muitas pessoas. Tive também a sorte de participar na hora certa, quando precisava dar uma virada.

Gal Costa

Eu era jurado do Festival Internacional da Canção e de repente aparece Gal Costa toda tímida. Nunca tinha ouvido falar nela. Ela cantou uma música chamada "Minha senhora" (de Gilberto Gil e Torquato Neto) e eu fiquei apaixonado pela Gal!

Fiquei sabendo que depois do festival, ela iria a uma reunião na casa do Nelsinho Motta. Fui para lá também e a gente conversou muito. Sugeri que a PolyGram a contratasse e eles acabaram contratando ela e o Caetano Veloso. Eles gravaram um disco chamado *Domingo*, para o qual eu fiz os arranjos.

Produzi dois discos dela, *Aquarela do Brasil* – com músicas do Ary Barroso – e *Gal tropical*.

Tive sorte de participar da carreira da Gal desde o início. Foi muito bacana acompanhar o crescimento daquela menina que estava chegando da Bahia e ver a grande estrela que ela se tornou.

Com a esposa Yara e Gal Costa (1980)

> É engraçado: eu sempre trabalho mais com cantoras do que com cantores. Bôscoli me chamava de "Menescal rabo de cometa" – sempre atrás de uma estrela.

Egberto Gismonti

Em 1970 produzi um disco do Egberto Gismonti chamado *Sonho 70*, que foi muito elogiado e recebeu um prêmio. É um disco todo instrumental, muito inovador, no qual a gente conseguiu uma sonoridade que acho que até então não existia no mercado. Até hoje, o Egberto faz uma arte muito digna, muito à frente do seu tempo.

Ivan Lins

Conheci o Ivan mais ou menos em 1970, quando eu já estava na PolyGram. Ele fazia *backing vocal* no disco da Elis, mostrou umas músicas para ela e ela gravou (inclusive "Madalena"). Outros cantores começaram a gravar as músicas dele e ele começou a aparecer como um grande compositor, e logo depois como um grande cantor.

Acho que ele é um dos caras mais talentosos da música brasileira. Não conheço ninguém que faça música com a facilidade que o Ivan faz. Ele faz música todos os dias. É impressionante!

O problema é segurar o Ivan. Ele é muito ansioso, porque vai fazendo música e não dá conta de gravar tudo o que faz! Você diz:

– Vamos gravar essas 12 músicas.

Isso é um sofrimento para ele, porque no dia seguinte ele chega e diz:

– Mas tem essa música também...

– Mas, Ivan, já estamos até fazendo os arranjos das músicas!

– Ah, mas têm essas duas que eu fiz ontem, e mais uma que eu tô fazendo hoje...

Essa ansiedade é em função do excesso de musicalidade dele. Produzi dois discos dele, um é o *Jobiniando* e o outro é *Love songs: a quem me faz feliz*. Ele tem muito talento! Ele diz que eu consigo segurar um pouco essa ansiedade dele e que sou seu psicanalista. Eu digo:

– De jeito nenhum, tira essa responsabilidade de mim!

Acho uma injustiça que aqui no Brasil não divulguem a carreira que ele fez no exterior, que é impressionante. Todo o mundo grava o Ivan lá fora, mas ninguém aqui noticia, ninguém aqui fala nada.

Pery Ribeiro

Profissionalmente, o Pery "nasceu" meio junto comigo na música, porque tínhamos uns 18 ou 19 anos quando começamos. Eu fazia parte de um conjunto vocal composto também por Luizinho Eça e uma moça chamada Climene. Aí, o maestro Gaia – que fez os arranjos do Pery em um disco pela Odeon – chamou a gente para fazer algumas coisas junto com ele. (Isso foi um barato, porque tínhamos formado aquele conjuntinho vocal sem muita esperança daquilo ir adiante e acabamos fazendo uns *backings* para o Pery.)

Pery gravou muita música minha, inclusive "O barquinho". (As gravações dele, da Maysa e do Paulinho Nogueira saíram na mesma época.) Ele gravou tanta música minha que eu até brinco com ele: "comprei o meu primeiro carro com o dinheiro que recebi do direito das suas gravações". Ele era um cara muito antenado com as coisas novas.

Produzi só um disco dele, que foi *Fica comigo esta noite – Pery Ribeiro interpreta Adelino Moreira*. (A música mais conhecida do Adelino é "A volta do boêmio". A gente pegou as músicas dele e transformou numa coisa mais moderna.)

Com Andy Summers, Pery Ribeiro, Leila Pinheiro e Marcos Valle (2008)

Até hoje, Pery canta as minhas músicas e, de vez em quando, eu participo dos shows dele. Ele é um grande amigo.

Nara Leão

Inesperado Quando a Nara brigou com o Ronaldo Bôscoli, ela se afastou da bossa-nova e nós acabamos ficando meio separados. Ela foi cantar o morro, fez a carreira com sambistas, shows e a gente voltou a se reencontrar quando ela fez o disco *Dez anos depois*.

Ela foi morar em Paris e lá fez um disco com a Tuca, uma cantora de São Paulo, e depois mandou esse disco para a PolyGram para ver se a gente queria lançar. O disco era praticamente ela e Tuca, com violão e mais umas coisinhas pequenas. Quando ouvi, achei o disco simples demais, achei que faltavam algumas coisas, que poderíamos acrescentar umas cordas, baixo, bateria. A gente se falava muito por carta ou telefone. Aí, mandei uma carta explicando tudo isso e ela me respondeu que não admitia que ninguém colocasse a mão naquele trabalho, porque ela o concebeu daquele jeito. Telefonei pra ela e disse:

– Nara, eu não quero impor nada. Se você quer que seja assim, a gente lança do jeito que tá. Mas você mandou pra gente dar uma opinião e eu estou dando a minha opinião. A gente podia fazer uma coisa: eu faço uma prova aqui e mando pra você. Se você não gostar, não quiser, tudo bem. A gente volta atrás.

Ela disse meio brigando:

– Então tá. Você faz. Mas eu tenho certeza do que eu estou fazendo.

Para falar a verdade, acho que até aquela ocasião, ela brigava com o Ronaldo ainda. Acho que na cabeça dela, eu estava fazendo um papel de Ronaldo Bôscoli.

Aí, fiz o que disse. Coloquei orquestra, piano, baixo, bateria e mandei para ela. Ela adorou e telefonou para mim chorando:

– Como eu pude ter sido tão burra de não ter ouvido você? Briguei tanto com você...

■

Logo depois, Nara voltou para o Brasil e disse que ainda não sabia onde ia morar. Eu disse:

– Do lado do meu apartamento – porta com porta – tem um apartamento igual ao meu, térreo, com um jardim grande.

Ela comprou o apartamento, nos tornamos vizinhos e a partir daí continuamos a grande amizade que tínhamos. Ela não queria mais saber de cantar, só queria fazer faculdade. Mas, aos poucos, fui "provocando" a Nara:

– Se você fizesse um disco assim, bem simples, daqueles dos primeiros tempos, das primeiras músicas que nós ouvimos juntos...

Ela acabou concordando com a ideia e fizemos um disco chamado *Meu primeiro amor*. Fizemos esse disco sem pretensão nenhuma e ela adorou ter feito. Aí, perguntei:

A última foto com Nara Leão (1989)

– Vamos fazer um show de lançamento?

– Ah, eu não queria fazer show. Mas tudo bem! Podemos fazer um show de lançamento.

Fizemos uma semana de show de lançamento. Depois disso, fizemos mais outras coisinhas, de repente veio outro disco e fizemos vários outros. Na época, eu era diretor artístico da PolyGram. Em 1984, ela disse que queria fazer um disco só de voz e violão. Falei:

– Então tá, vamos fazer. Vou pensar em pessoas que podemos convidar para tocar no disco.

– Não, vamos primeiro planejar o disco todo e quando tudo estiver pronto, a gente vê quem poderá tocar.

Comecei a ir para casa dela depois do trabalho e planejamos o disco todo: fizemos as introduções, tiramos os tons e quando terminamos, falei:

– Nara, eu tenho ideia de umas pessoas que a gente poderia convidar pra tocar.

– Roberto, quem poderia fazer esse disco melhor que você que já está por dentro, que bolou a coisa comigo?

Acabei pedindo um violão emprestado – porque não tinha mais – e fizemos o disco juntos. Lançamos esse disco que se chama *Um cantinho, um violão* e o Japão pediu para gente fazer uma turnê para lançar o disco lá. Fizemos a turnê e foi nessa viagem que percebi os primeiros sintomas da doença da Nara. Daí, seguimos trabalhando. Pensei: "Vou trabalhar com ela enquanto der".

Quando ela partiu, pensei que tivesse feito uma coisa legal para ela, que tinha me dedicado a ela até o final. Mas aí, vi que aconteceu o contrário, foi ela quem fez uma coisa muito legal para mim: ela me trouxe de volta para a música. Foi ela quem me mostrou que eu deveria ficar mesmo na música. Ela foi a pessoa da maior importância na minha vida. Por causa desses trabalhos que fizemos, acabei largando tudo e voltando a tocar.

Nara e eu no Japão

Fui ao Japão pela primeira vez em 1985. Havia passado 16 anos sem tocar, até que Nara Leão e eu gravamos o disco *Um cantinho, um violão*, que foi lançado no Japão.

Chegando lá, fomos convidados para gravar um disco, aproveitando os poucos momentos livres que tínhamos – porque fizemos 12 shows em 12 dias. Chegamos a fazer até dois shows no mesmo dia. Sobravam então três dias livres para a gravação. Nosso tempo estava curto, mas topamos e fomos gravar. Eles pediram 16 músicas para um CD. (Curiosidade: aquele foi o primeiro CD gravado com artistas brasileiros. Não sabíamos disso. Gravamos no Japão, mas quando chegamos ao Brasil, descobrimos que tínhamos sido os primeiros.)

No Japão com Nara Leão (1985)

Fomos gravar com alguns artistas brasileiros que também estavam fazendo shows no Japão e, no primeiro dia, conseguimos gravar somente duas músicas, porque ficamos "naquele papo de brasileiros". No final do dia, a pessoa da gravadora perguntou:

– Vocês não gostariam de tentar gravar com músicos japoneses amanhã?

A bossa-nova ainda não estava tão popular no Japão como está hoje. Então, ficamos um pouco preocupados em gravar bossa-nova com músicos japoneses. Mas, ele disse:

– Experimentem. Se não der certo, traremos os músicos brasileiros novamente.

No dia seguinte, quando chegamos ao estúdio, os caras já estavam lá, cada um no seu instrumento, esperando que a gente entrasse. Aí, nos cumprimentamos de longe:

– Oi, tudo bem? Depois, a gente se encontra para conversar.

E começamos a gravar. Naquela tarde, gravamos 14 músicas.

Assim, o disco foi feito quase que inteiramente com os japoneses e foi aí que a gente viu o quanto eles gostam e o quanto eles se empenham em fazer a nossa música.

Quando fui com Nara ao Japão, fomos fazer um show em uma cidade chamada Issei e o cara falou assim pra gente:

– Em Issei, as pessoas adoram música brasileira. Elas têm até uma escola de samba só de japoneses chamada Unidos do Sol Nascente. Vocês vão ver que elas participam muito do show e que levam até instrumentos.

No dia do show, fomos a um lugar com capacidade para umas 400 pessoas. Todas estavam sentadas e comportadinhas. (Lá, eles saem do trabalho e vão direto aos shows, que começam mais ou menos às 6 horas da tarde. Todos estavam com aquela famosa "malinha 007" usada pelos japoneses.) Havia um programa informando todas as músicas que seriam tocadas no show e a última era "Vai passar", do Chico Buarque, que estava fazendo muito sucesso por lá. Conforme foi chegando perto da última música, eles começaram a abrir suas malinhas e pegar instrumentos: recorreco, tamborim... todo o mundo estava com o seu instrumento! E aí, foi uma batucada só dentro daquele teatro.

De repente, vi um grupinho de seis ou sete pessoas chegando devagarzinho em direção ao palco. Uma delas estava segurando um surdo, daqueles de escola de samba. Eles subiram ao palco, outros se juntaram a eles, a batucada pegou fogo e nem olharam mais pra gente. Peguei Nara pela mão e saímos. (Outro dia, assisti ao vídeo do show e percebi que eles nem notaram quando Nara e eu saímos do palco.)

> Talvez o disco Garota de Ipanema – que gravamos no Japão – fosse o último da Nara, porque ela descobriu que tinha uma doença grave. Mas a gente decidiu continuar trabalhando, porque seria mais legal do que ela ficar em casa, esperando as coisas acontecerem. Saímos fazendo shows pelo Brasil todo e gravamos mais dois discos. Ela trabalhou até o finalzinho.

Chico Buarque

Todo o mundo gostava do Chico, mas ele não vendia muito disco. Quando cheguei para trabalharmos, ele estava tímido. Fomos conversando e ele foi me mostrando as músicas para o disco. Uma dessas músicas – que se chamava "Construção" – tinha quase sete minutos (naquela época, as rádios não tocavam músicas com mais de três minutos de duração).

Fazíamos, todas as segundas-feiras, uma reunião na PolyGram para apresentar as novidades e quando mostrei o disco do Chico, o pessoal gostou muito, mas disse:

– Essa música "Construção" é fortíssima, talvez a mais forte do disco, mas ela tem quase sete minutos. Não dá pra você fazer uma edição dessa música para diminuir o tamanho?

– Não dá, porque ela conta uma história completa e nada se repete na letra.

– Mas que pena...

– Olha, eu acho que tá na hora de alguém mudar isso. Temos uma música muito forte nesse disco. Vamos colocar a letra na contracapa e colocar o título de *Construção* no álbum.

A PolyGram topou, o disco foi um sucesso de vendas, a música foi um sucesso nas rádios, um sucesso total! (Por sorte, na gravadora havia um pessoal muito legal que tinha coragem de fazer coisas desse tipo.) Dali em diante, as rádios passaram a tocar músicas com mais de três minutos de duração.

Com Chico Buarque e Maria Bethânia (1978)

Fagner

Em 1972, o Fagner apareceu na PolyGram e quando ouvi as músicas dele, eu disse:
– Cara, vou fazer um compacto com você.

Eu estava procurando músicas para um disco da Elis – produzido por mim – e a convenci a ouvir alguns compositores que ela não conhecia. Mostrei a ela a música "Mucuripe", do Fagner. Ela se apaixonou pela música, resolveu gravar e logo depois ficou amiga dele.

Em 1973, gravei o primeiro LP do Fagner, *Manera fru fru manera*, que começou a vender muito bem. Mas ele era muito irascível; estava difícil trabalharmos juntos e eu o liberei. Passamos anos sem trabalhar juntos, até que Nara gravou um disco com algumas músicas dele. A essa altura, ele já estava um pouco mais contido, então conseguimos trabalhar bem.

Mais ou menos em 1993, quando já havia saído da PolyGram, produzi um disco dele chamado *Demais*. Depois, fizemos vários shows juntos e ficamos muito amigos daí em diante.

Com Fagner (1982)

Elis Regina

Em 1972, Elis me convidou para produzir um disco dela. Ela disse:
– Você tá aí na PolyGram, por que não produz o meu disco?
– Se você quiser, vamos começar. Mas vamos primeiro ver se você gosta das ideias que tenho.
Tivemos o primeiro papo e ela disse:
– Eu já tenho toda a ideia do disco. Vou gravar duas músicas do Edu Lobo, duas do Caetano, duas do Chico, duas do Gil e duas do Milton Nascimento.
– Ah, então nem precisa mais de mim! Você já tem a ideia toda!
– Não, estou dizendo que com esses caras, a gente faz um tremendo disco!
– Eu acho que sim, Elis. Mas e se eles não tiverem músicas boas para você? E se eles tiverem músicas boas para outros e não para você?
– Mas se não forem eles, quem poderia ser?
– Não sei, mas me proponho a sair por aí procurando.
– Não entendo quem você vai achar que seja melhor do que eles.
– Não estou dizendo que sejam melhores, vamos pegar o repertório e vamos ouvir.
Bom, pedimos repertório para todo esse pessoal: Gil, Caetano, Chico e, na verdade, não veio nenhuma música que desse certo para aquele disco da Elis. Eu disse:
– Tenho muita música boa para te mostrar.
– De quem?
– Não importa! Eu queria que você não se preocupasse com quem é quem e sim

com a música. Se ela for boa, a gente fala sobre os caras, mas não vamos ouvir pensando em quem compôs.

Coloquei as músicas "Mucuripe" (Fagner) e ela adorou; "Casa no campo" (Zé Rodrix); "Águas de março" (que o Tom tinha acabado de fazer); "Bala com bala" (João Bosco); e outras. Mas ainda faltava uma música daquelas boas, "de matar", sabe? Aí, chegou uma fita do Chico Buarque com o Francis Hime, vieram sete músicas. Nenhuma das sete deu certo e a Elis perguntou:

– Pô, como é que pode?

– Pois é, eles mandaram essas músicas que fizeram, mas não são para você cantar agora.

Enquanto a gente estava discutindo isso, tinha acabado a fita e entrou uma música com o Francis tocando e cantando. Aí, eu parei de repente:

– Peraí, o que é isso? Que coisa bonita!

No meio da música, acabou a letra e ele começou a cantarolar. Aí, telefonamos naquele momento para o Francis e eu falei:

– Francis, têm aquelas sete músicas, mas no final, quando acaba a fita, tem outra...

– Não, não pode ser. Eu só botei sete músicas na fita.

– Não, tem outra!

Aí, coloquei para ele ouvir.

– Mas essa música tava aí? Não acabamos ainda. Faz dois anos que começamos a fazer essa música e não conseguimos terminar.

– Ela é sua e do Chico?

– É.

– Então tá legal, obrigado.

Elis e eu fomos para o estúdio e gravamos essa música com orquestra. Ela cantou até a metade da música e cantarolou a segunda parte que não tinha letra. Aí, liguei para o Chico e falei:

– Chico, estou indo para a sua casa mostrar uma coisa.

– O que é?

– Vou mostrar.

Cheguei lá, botei a fita. Quando começou a introdução, ele já disse:

– Pô, que bonito... Que orquestração bonita! Mas que música é?

– Calma!

Aí, ela começou a cantar. Era a música "Atrás da porta"

– Peraí, mas isso é meu com o Francis! Eu não acabei!

– Calma, rapaz!

Aí, quando chegou o ponto em que ela começa a cantarolar, ele pegou um papel e, na hora, fez o resto da letra que estava tentando terminar e não conseguia. Emocionado, falou:

– Não quero nem rever. Não vou nem olhar o que eu escrevi aqui.

– Posso gravar?

– Pode gravar!

No dia seguinte, fomos ao estúdio para Elis colocar a voz na parte que estava faltando. Claro que isso foi um problema, porque ela não parava de chorar. (Se você ouvir a música, vai entender que ela foi feita em duas épocas: na primeira parte, ela fala que se humilhou e fala do seu sofrimento. Na segunda, ela começa a "dar o troco no cara".)

■

Quando o disco da Elis ficou pronto, levei para a reunião de segunda-feira. O pessoal ouviu o disco e os comentários foram:

– Esse não é um trabalho muito legal pra Elis...

– Beto, desculpe, mas acho que você errou.

André Midani, que era o presidente, falou:

– Beto, todo mundo tem uma opinião contrária a esse disco...

Eu respondi:

– Olha, há duas maneiras de resolver isso: ou vocês jogam fora o disco, pegam outro produtor, fazem outro disco e tudo bem, sem problema nenhum; ou lançamos e eu me responsabilizo. Tenho certeza absoluta desse disco.

Aí, o André falou:

– Bom, se você tem tanta certeza, tenho que respeitar mesmo não acreditando.

O disco foi um sucesso de vendas e lançou a Elis a partir daquele momento como grande vendedora de discos.

Acho que foi uma vitória bacana, que mostrou à PolyGram e às outras gravadoras que é preciso acreditar na certeza do artista e do produtor. Em momento nenhum, eu tive dúvidas quanto ao disco.

■

Recebi a primeira prova do disco (a que o produtor recebe para ouvir e ver se não tem nenhuma modificação a ser feita, para em seguida liberar para prensar). Ouvi e telefonei para a Elis:

– Elis, tô com o primeiro disco aqui.

– Ah, vem aqui pra minha casa, por favor! Vem pra cá, mas não mostra pra ninguém, nem pro Ronaldo! (Na época, ela era casada com o Ronaldo Bôscoli). Vou avisar que vamos ouvir primeiro e depois ele ouve.

– Pô, que chato, mas o Ronaldo...

– Não, deixa comigo!

Cheguei lá. Ela estava muito ansiosa. Fomos para um depósito onde ficava um sonzinho [aparelho de som] e todos os discos dela. Coloquei o disco, ela sentou na minha frente e ficamos em silêncio total até o disco acabar. Ela ficou com a mão no rosto ouvindo todas as faixas. Quando acabou o disco, ela levantou a cabeça, olhou nos meus olhos e falou assim (perdoe-me, mas vou ter que dizer o que ela falou):

– Eu sou foda escolhendo repertório.

Acontece que fui eu quem escolheu todas as músicas do disco. Eu fui contra aquela proposta feita por ela para o disco. Aí, ela olha na minha cara e fala isso! Eu achei isso muito legal, porque dali em diante eu aprendi que o disco é do artista, você não pode nunca disputar espaço com ele, o disco é todo dele.

Oswaldo Montenegro

Alguns diziam: "Pô, o Oswaldo é um chato", mas ninguém sabia dizer ao certo o motivo. Ele fez sucesso nos festivais da época, porém, eu não o conhecia pessoalmente e tinha curiosidade de saber o porquê dessa fama, afinal, não sabia nada dele, a não ser as coisas que ouvia. Um dia, em 1980, o Oswaldo me telefonou (eu estava na PolyGram) e falou:

– Roberto, a gente nunca se encontrou pessoalmente e eu queria bater um papo com você. Quando é que pode ser?

– Se você estiver livre hoje, podemos conversar.

Ele se encontrou comigo e disse:

– Tenho dois projetos pra te mostrar.

– Olha, Oswaldo, eu sou muito franco com as coisas, tá? Se você me apresentar um projeto que sirva para a PolyGram, eu digo. Se não servir, eu digo também.

– Tá certo, é isso mesmo que eu quero.

Ele mostrou o primeiro projeto e eu disse:

– Hoje não tenho interesse nisso.

Aí, ele me mostrou o segundo e eu disse:

– Esse aqui eu quero – que era *A dança dos signos*.

Aí, fizemos o projeto, foi muito legal, e fiquei muito amigo dele. Ele é o cara mais objetivo que já conheci. Como artista, não conheço ninguém mais objetivo, mais claro e sem truques do que o Oswaldo. Adorei isso nele e somos amigos até hoje. Gosto muito dele, da Madalena (a flautista que toca com ele) e de toda a turma dele.

Fizemos três anos de programa *Letras brasileiras*, no Canal Brasil. Produzi alguns discos dele e estamos aí. Ele é um cara de quem eu gosto muitíssimo.

Muita gente achava o Oswaldo chato porque ligou a imagem à música composta por ele "O chato", mas posso garantir que ele é um grande cara!

Com Oswaldo Montenegro (década de 90)

Leila Pinheiro

Eu estava doente, com uma gripe muito forte, febre alta, assistindo a um dos últimos festivais da Globo, em 1985. De repente, aparece Leila cantando a música "Verde" e na hora eu disse: "Quero essa cantora". Liguei para um assistente meu e pedi:

– Corre para o festival, porque eu quero conversar com essa menina ainda amanhã. Vou com febre, vou do jeito que estiver, mas vou.

Ele marcou um encontro em um restaurante em Copacabana. (Ela era muito tímida, de uma timidez desconcertante: uma timidez daquelas que você puxa assunto, mas não "vai".) Ela disse:

– Pois é, eu fui bem no festival – (ela ficou em terceiro lugar) – e recebi muitas propostas de gravadoras.

– Eu também estou aqui para te fazer uma proposta: não tenho nada para te oferecer. Nada. Mas acho que a gente faria um trabalho muito bacana junto, porque eu tenho certeza que a gente tem uma afinidade musical muito legal.

– Me dê dois dias pra pensar?

– Eu te dou um dia.

No dia seguinte, ela disse:

– Vou ficar com você porque a sua proposta foi a mais honesta. Os outros me ofereceram milhões de coisas, mas eu não acredito que nada daquilo vá acontecer. Você pelo menos disse que não me oferece nada além da vontade de fazer esse trabalho.

Ela assinou um contrato e foram produzidos dois discos pela PolyGram. Um pouco depois, saí de lá e ela disse:

– Você me chama pra cá e aí sai da PolyGram?

– Ah, Leila... é a vida. A vida traz surpresas. Mas estou do seu lado pra tudo o que você precisar, a qualquer hora.

– Legal, então gostaria que você produzisse um disco meu.

Começamos a pensar no disco, mas nesse meio tempo veio uma proposta do Japão para mim. Eles queriam uma pessoa mais jovem – que não fosse da época da bossa nova.

Mandei um disco da Leila e eles adoraram. Fiz a proposta para ela e ela disse:

– Poxa, Roberto, não é o meu negócio... Eu tô pensando em fazer algo muito pessoal...

– Leila, isso é um projeto. Quando acabar, a gente volta a trabalhar no outro disco.

Ela topou fazer o disco e fizemos *Bênção bossa nova*.

O disco foi lançado no Japão e fomos para lá participar do Festival da Canção, em Yamaha. Ganhamos com uma música minha e do Costa Neto. Aí, chegamos aqui e a PolyGram quis lançar o *Bênção bossa nova* no Brasil.

Com Leila Pinheiro e as "meninas" (2006)

Depois do lançamento, fomos convidados a tocar, durante o carnaval, num bar famosíssimo aqui no Rio, o Jazzmania. Concordamos em fazer. Aí, ela falou:

– Mas quem virá assistir a gente tocar bossa nova no carnaval?

– Leila, se os caras estão fazendo essa proposta é porque eles acreditam! Fomos fazer o show e estava lotadíssimo. Então, nos convidaram para fazer shows durante todo o carnaval e foi um sucesso. A partir daí, começamos a receber propostas para shows em outros lugares.

– Mas e o nosso disco?

– Leila, tem uns cinco ou seis shows pra gente fazer... Vamos lá?

Acabamos fazendo 158 shows em um ano e é claro que o outro disco foi adiado!

Somos superamigos e fazemos muitas coisas juntos. Em 2008 fizemos um disco chamado *Agarradinhos*, que mostra bem essa rara afinidade musical que nós temos.

Emílio Santiago

Muitos anos atrás, eu era jurado de um festival do programa do Flávio Cavalcanti. Talvez na década de 1970, não sei! O Emílio se apresentou no programa e eu votei nele. Ele foi convidado a gravar, ficamos amigos e ele chegou a gravar músicas minhas. Depois, ele foi para a PolyGram e ficou comigo lá uns sete anos, mas nunca consegui fazer, na PolyGram, um disco que achava que ele deveria fazer.

Quando saí da PolyGram, em 1985, abri o meu selo – que hoje se chama Albratroz – e comecei a fazer umas produções, até que veio a ideia de fazer um trabalho chamado *Aquarela brasileira*. Convidei o Emílio – que na época estava sem gravadora – para cantar todas aquelas músicas de sucesso. Ele falou:

– Mas por que fazer esse projeto? Não tenho muita vontade de fazer isso...

Eu disse:

– Então tá, não tem problema... Eu já escolhi mais duas pessoas que poderiam fazer esse projeto. Você era a minha primeira opção, mas tudo bem. Vou falar com uma das outras duas pessoas.

– Mas quem são as outras duas pessoas?

– Não posso dizer, não fica bem...

– Então tá certo, vamos fazer.

(Na verdade, não tinha ninguém, não, mas conhecendo ele como eu o conhecia, sabia que ia dar certo.)

Fizemos o primeiro disco da série *Aquarela brasileira*, que foi um sucesso de vendas. Fizemos essa série durante sete anos e todos ganharam discos de ouro e/ou platina. No total, foram vendidos mais de seis milhões de discos.

■

Quando começamos esse projeto, nenhuma gravadora se interessou pelo disco, não gostaram muito da ideia. A Som Livre, na época, resolveu lançar sem acreditar muito. Eles disseram:

– Não queremos nem fazer contrato com o artista. Você faz o contrato com ele e passa os discos para vender.

Fizemos o contrato com o Emílio e quando veio o resultado da primeira venda, a Som Livre fez uma reunião comigo. Eles disseram:

– A gente quer comprar o contrato do Emílio. Como é que a gente faz para comprar de você?

– Eu não vendo contrato. Eu sou um produtor de discos, não um vendedor de contratos. Fiz o contrato com o Emílio porque vocês não quiseram fazer. Mas se agora vocês querem o contrato, não tem problema, eu passo o contrato dele para vocês.

Com Emílio Santiago (década de 80)

Assim, o Emílio se tornou artista da Som Livre. Depois do sétimo disco da série, que estava fazendo mais sucesso do que o sexto, o pessoal da Som Livre me chamou e disse:

– Temos uma ideia que vai vender um milhão de discos.

A ideia era fazer um disco do Emílio interpretando Dick Farney, com um repertório muito legal do Dick. Mas eu disse para eles:

– Não acredito nesse disco de jeito nenhum. Não há razão para fazer um disco do Emílio cantando Dick. Não tem sentido fazer isso! Se vocês gostam do Dick, façam uma coletânea do Dick e lancem.

– Você é muito radical.

– Eu não sou radical. Aliás, se fosse para alguém fazer um disco do Dick Farney, eu seria o primeiro, porque sempre fui muito fã dele. Mas o Dick nunca foi um artista que vendeu muitos discos. Aí, vocês vão fazer Emílio interpretando um cantor que já não vendia disco? Ou sou burro, ou não estou entendendo. Não quero participar disso de jeito nenhum. (E realmente esse disco não correspondeu às expectativas da gravadora.)

Emílio e eu somos muito amigos até hoje e fazemos muitos shows juntos. (De vez em quando, eu digo pra ele: "Rapaz, se eu tivesse a sua voz...")

Cris Delanno

No Fairchild Tropical Botanic Garden, em Miami (EUA), com Cris Delanno (2009).

Quando saí da PolyGram, produzi uma série de discos do Emílio Santiago chamada *Aquarela brasileira*, que foi um sucesso. Para as gravações, usamos um grupo de *backing vocal*. Um dia, uma cantora não pôde ir e mandou no lugar uma garota de uns dezoito anos chamada Cris Delanno. A Cris chegou lá e disse pra mim:

– Gostaria de te mostrar alguma coisa do meu trabalho depois...

Ela já foi se apresentando e eu gostei muito dela.

Desde a década de 1960, eu não gravava um disco meu, até que em 1991 gravei um para a Warner, chamado *Ditos e feitos*. Convidei duas meninas para cantar e uma delas era a Cris, que fez um solo. Começamos a fazer shows com esse grupo e o tempo passou, até que um dia os japoneses me pediram uma cantora nova para fazer um disco com músicas do Tom Jobim. Aí, fiz um disco chamado *Cris em Tom maior*, que foi lançado no Japão e aqui no Brasil.

Fizemos muitos shows, inclusive um que foi muito importante pra gente chamado *Nara, uma senhora opinião*. Esse show ficou em cartaz durante um ano e a Cris fazia o papel da Nara. Gravamos um disco chamado *Eu e Cris*. (O disco ia se chamar *Cris e Eu*, mas a gente viu que soava "crise", aí decidi perder o cavalheirismo e o nome passou a ser *Eu e Cris*). Com esse disco, fizemos muitos shows. Passamos um ano fazendo shows pelo Brasil.

Cris tem sido uma pessoa muito constante na minha vida profissional. Em 2009, fizemos um show lindo no Jardim Botânico de Miami. Ela tem a carreira dela, canta no BossaCucaNova e sempre que a gente pode, a gente faz alguma coisa junto.

Joanna

Joanna me procurou para fazer um disco e acabamos fazendo três. Um deles foi *Aguarela portuguesa* (é "Aguarela" mesmo, pois é assim que se escreve em Portugal) – seguindo a ideia do *Aquarela brasileira*, do Emílio Santiago. Nesse disco, Joanna canta sucessos portugueses, pois a carreira dela estava indo muito bem em Portugal.

Fizemos também um disco chamado *Joanna canta Lupicínio*, porque percebi que todo mundo cantava uma música do Lupicínio Rodrigues, mas até então não havia um disco só com as músicas dele.

Depois de algum tempo, fizemos *Joanna em samba-canção*.
Esses discos receberam disco de ouro e disco de platina.

Leny Andrade

Íamos fazer um show em Recife e eu perguntei a ela:
– Leny, vem cá, o que a gente vai fazer em Recife?
– Ah, Robertinho, tô indo pros EUA e tô com a cabeça lá... No aeroporto, a gente se encontra e combina, tá?
– Está bem.

Acabamos indo em voos diferentes e nos encontramos só duas horas antes do show! O show era às 21h30; nos encontramos às 19h30, escolhemos as músicas e o show foi mais que maravilhoso! Muito mais do que a gente esperava! Isso por causa da experiência que a gente tem junto e da coragem de "vamos lá que a gente faz".

■

Há alguns anos produzi o *Bossas novas*, da Leny, e foi superbacaninha porque a gente saiu um pouco dos clássicos da bossa-nova e colocou muita música nova. Mas nunca mais produzi um disco dela. Meu sócio – Raimundo Bittencourt – produziu um que eram canções com letras de Ronaldo Bôscoli e, por eu ter sido parceiro dele, existem algumas músicas minhas no disco. O nome do disco é *E quero que a canção seja você*, que é a frase de uma música nossa chamada "A volta".

Danilo Caymmi

Conheci o Danilo ainda garoto, quando ele estava começando a tocar flauta. Mas eu o achava sério demais.

Eu apresentava um projeto no Rio chamado Brahma meio-dia, no qual a gente fazia um show num teatro e o pessoal da cidade ia assistir. Eu conversava um pouco com o artista sobre a vida dele, ele cantava e tal. Um dia, convidei o Danilo e foi muito bom.

Logo depois, a EMI/Odeon me contratou porque estava precisando de três discos de música brasileira. Aí, fiz um do Danilo, um da Joyce e um do Carlinhos Lyra. Foi muito bom fazer esse disco com Danilo, porque vi a facilidade que tínhamos de trabalhar juntos. Produzi uns quatro discos dele e fizemos muitos shows juntos.

Gosto muito dele e temos muita afinidade um com outro.

Com Danilo Caymmi (1998)

Cecilia Dale

Eu estava fazendo um show no Rio chamado *Nara, uma senhora opinião*. Ficamos em cartaz com esse show durante um ano. Foi uma homenagem muito bonita à Nara e eu era um dos participantes. No final, a gente atendia o público e um dia chegou um cara pra falar comigo. Ele disse:
– Eu queria te contratar para fazer um disco com a minha mulher. [Eu pensei: "Ih, rapaz... aí é grave, né...", porque eu não sabia quem era a mulher, o que ela cantava...] Nós moramos em São Paulo, mas podemos vir aqui a hora que você marcar.
– Não, vamos fazer uma coisa. Eu vou sempre a São Paulo. Encontro vocês lá. (Porque aí, eu podia ir e se não fosse legal, saía numa boa. Agora, se eles viessem pro Rio, ficava mais difícil...)
Fui tomar café da manhã na casa deles e já fui sondando.
– Pô, Cecilia, o que você gosta de fazer?
– Eu gosto de cantar dois tipos de música basicamente: jazz e bossa-nova.
– Por que você quer cantar agora?
– Porque agora, eu tenho a minha vida resolvida. Já tive minhas filhas, ninguém depende mais de mim e estou com a minha vida encaminhada. Estou sempre cantando com uns músicos por aí. (Quando ela falou os nomes dos músicos, pensei: "Pô, tudo gente boa".)
– O que mais você faz?
– Eu tenho uma loja grande, a Cecilia Dale, e vou abrir mais três lojas, e tenho vontade de gravar um CD. Não sei o motivo, mas tenho vontade e queria ver se é possível te contratar.
– Cecilia, farei com prazer se achar que posso ajudar com o que você quer e se você gostar das minhas ideias.
– Mas você tem noção de alguma coisa que eu possa fazer?
– Olha, deixe-me ouvir você cantar.
Na primeira nota que ela deu, pensei: "Poxa, a mulher canta mesmo". Aí, eu disse:
– Cecilia, já tenho até ideia do projeto.
– Mas eu nem cantei ainda!
– Com a primeira nota que você cantou, já sei o que você deveria fazer.
– O quê?
– Cantar *standards* de jazz em bossa-nova.
Ela gostou da ideia, fiz uns arranjos e ela veio para o Rio. Gravamos o disco em dois ou três dias e ela ficou muito impressionada com a rapidez. Mas foi rápido porque já sabíamos claramente o que íamos fazer. Esse disco que se chama *Standards in bossa* foi lançado em vários países do mundo.
Depois, lançamos *Standards in bossa 2*, *Standards in bossa 3*, *Christmas in bossa* e *Standards in bossa 4*.
Acho muito bacana a pessoa ter um sonho e conseguir realizá-lo. Esse acontecimento mostra que você sempre pode fazer aquilo que sempre sonhou.

Montserrat

Montserrat é uma cantora lírica espanhola. Um dia, através de um amigo em comum, ela perguntou se eu poderia fazer um arranjo da música "Insensatez". Eu estava indo viajar e disse:

– Faço, só não posso fazer agora, mas talvez faça enquanto estiver na Itália.

Esse amigo em comum – o Sergio Scol – me telefonava sempre perguntando do arranjo, porque ela estava ansiosa. Eu dizia:

– Sergio, ainda não fiz porque passei 15 dias em Paris trabalhando e fui direto para a Itália fazer outro trabalho. Mas pode deixar que vou fazer, sim!

Ele ficou insistindo em me pagar pelo arranjo e eu disse:

– Fique tranquilo, que não é um arranjo que vai atrapalhar a minha vida!

Mas eles insistiram bastante porque queriam depositar antes mesmo de eu entregar o trabalho.

Aí, quando cheguei da Itália, já estava com o arranjo pronto e eles continuaram insistindo para que eu desse o número da minha conta. Eu disse:

– Deixa a conta pra lá e vamos gravar!

Ela veio gravar, gostou bastante do arranjo e a gente se deu muito bem. Quando fomos fazer a gravação, ela disse:

– Eu sou cantora lírica, não sei como gravar música popular.

Então, fomos para o estúdio juntos e a gravação ficou muito bonita.

Ela continuou insistindo em pagar e eu disse:

– Não vou cobrar nada, imagine... (E não cobrei mesmo.)

Aí, ela me mandou um presente e eu ganhei uma amiga.

■

Um dia, ela ligou pra mim e disse:

– Queria ir à sua casa pra gente conversar.

Ela veio de São Paulo, foi lá em casa e disse:

– Queria uma ideia pra fazer um disco, porque não adianta eu fazer um disco espanhol aqui no Brasil. Você pensaria na ideia?

Respondi na hora:

– Não vou pensar não, já tenho uma ideia. Vamos fazer bolero com bossa-nova.

A ideia era pegar aqueles boleros superconhecidos no mundo inteiro e fazer tudo em bossa-nova. Mostrei a ela uns exemplos de como ficaria e, na hora, ela concordou.

Entramos em estúdio e fizemos o disco de bolero com bossa. Quando ela foi lançar o disco no Japão, eles quiseram muito que eu fosse, então, em 2008, fiz uma série de shows com Montserrat pelo Japão.

Fiz uma música chamada "Palco da minha vida", falando dela, que desde pequena já cantava e ficava pensando que queria ser uma cantora. Ela escolheu esse título para o seu terceiro disco.

Zizi Possi

Eu não sei a data precisa, mas na década de setenta, passei na frente de um Teatro e vi o nome da Zizi. Logo depois eu perguntei para alguém quem era a Zizi Possi e soube que ela era uma atriz. Ouvi um *tape* da Zizi cantando e mandei um bilhete para ela dizendo: "Se for ao Rio me procure". Passaram-se uns três ou quatro meses, ela me telefonou, nós conversamos e eu propus que ela fizesse uma demo. Ela fez, e em seguida gravei o primeiro *longplay* dela. Quando eu estava lá na PolyGram, fizemos uns cinco discos dela, e em um deles tem até uma música que fizemos juntos chamada "Não dá mais".

A Zizi é uma pessoa na qual eu acreditei muito, e apesar de estarmos longe, estamos perto. Em 2008 Zizi me convidou para fazer um show com ela e agora foi lançado um DVD que tem trechos desse show que fizemos.

Com Zizi Possi (1978)

...e o trabalho continua!

*Acho que a gente ainda tem muito trabalho a
fazer com a bossa-nova.*

Novos rumos da bossa-nova

Estamos no início do século e agora começam a aparecer os novos rumos da cultura em geral. Ao mesmo tempo, termina o que começou no século passado.

A bossa-nova, o jazz, o tango são estilos musicais que nasceram no século passado. Tenho a sensação de que a música que a gente fez acabou; a gente não tem mais muito o que tirar dali. Claro que pela experiência, a gente pode sempre fazer uma música legal. Porém, legal, mas já foi feita, entende? Então, agora a gente tem que dar lugar para os novos trazerem uma nova fórmula que, certamente, não vai ser igual a nossa. Não sei o que vai ser, mas um "século ciclo" está se fechando.

Antes que essa música nova apareça, está havendo muita mistura. Quer dizer, você pega a bossa-nova com uma coisa mais pop e nasce a música, por exemplo, do BossaCucaNova. Então, isso é quase como que "torcer um pano": você vai tirando as últimas coisas dali. Isso não é negativo, não. É uma coisa normal! Os ciclos são assim.

■

Aqui na Albatroz, a gente tem tido muito trabalho, principalmente na área de produção. Fazemos muitos trabalhos para o Oriente e o pessoal fica lá "a mil", gravando nos estúdios. Eles procuram tudo o que foi sucesso no século passado e pedem para gente fazer em bossa-nova, criando e recriando em cima daquilo. Já fizemos *Stevie Wonder in bossa, Elvis in bossa, Sinatra in bossa, Michael Jackson in bossa, Anos 80/90 in bossa...* e vários outros títulos que eles nos pedem. Então, a gente está com muito trabalho e isso mostra que a bossa-nova é o ritmo que eles escolheram para ouvir as músicas que gostam. Eles ouvem o original e ouvem também a versão em bossa-nova.

BossaCucaNova

O Marcelinho da Lua, o Alex Moreira e o Marcio – meu filho – trabalhavam como técnicos de som comigo aqui na Albatroz e um dia eles perguntaram se poderiam usar umas gravações que a gente tinha aqui para fazer uns experimentos. Eu deixei e eles fizeram *remix* de várias músicas, e montaram um CD. Eles mandaram esse CD para uma gravadora na Bélgica, o cara de lá gostou e quis lançar, mas disse:

– Gostaria que vocês fizessem uma faixa que não fosse um *remix* de uma faixa que já existe.

Eles me convidaram para gravar com eles e gravamos "O barquinho". Passado um tempo, o cara da gravadora pediu que eles fizessem um disco inteiro no estilo da faixa que eles tinham gravado comigo. Aí, eles me convidaram, compusemos umas músicas juntos e o disco se chamou *Brasilidade*. O disco foi

Com Alex Moreira, Marcelinho da Lua e Marcio Menescal (2000)

lançado nos Estados Unidos e na Europa, e falaram pros meninos que eles iam precisar fazer uma turnê com esse disco. Eles disseram:

– Mas nós não somos músicos, somos técnicos de gravação!
– Não é possível! Vocês tocam alguma coisa?

Acervo Pessoal do BossaCucaNova (Ricardo Cânfora)

– A gente brinca, a gente arranha um pouco uns instrumentos e tal.
– Pensa aí e vê se vocês têm como estudar as músicas pra tocar.

Aí, eles se prepararam e nós fizemos uma turnê grande de um mês por vários países.

Depois, eles fizeram mais dois discos e eu participei em uma faixa ou outra tocando alguma coisinha. É muito legal tocar com eles, porque é uma garotada que vibra muito com o que faz. Eu adoro tocar com eles!

Eddy Palermo

Um amigo me deu um disco de um guitarrista italiano chamado Eddy Palermo. Eu nunca tinha ouvido nada dele e quando ouvi, adorei e comecei a falar pra todo o mundo:
– Rapaz, você precisa ouvir o disco do Eddy Palermo...

Um dia, fui fazer um show em uma loja de discos chamada Modern Sound, e um rapaz se aproximou de mim e falou assim:
– Você gostou do disco do Eddy Palermo, né?
– Ih, rapaz, gostei muito!
– Pois é, ele é meu amigo, vem muito ao Brasil e quando vem fica hospedado na minha casa.
– Pô, diga a ele que eu adorei o disco dele!
– Posso dar seu e-mail e telefone pra ele?

No dia seguinte, o Eddy entrou em contato comigo e disse:
– Poxa, soube que você gostou muito do meu disco. Estou indo ao Brasil daqui a um mês.
– Que bacana, vamos nos conhecer!

Aí, tive a ideia de fazermos um disco juntos. Apresentei a ideia e ele topou. Fui fazendo os arranjos e quando ele chegou, a gente se trancou no estúdio e fez o disco em dois dias. Fizemos alguns shows e foi muito legal!

Com Eddy Palermo (2007)

Ele é um grande músico, um monstro do jazz! Então, eu produzi esse disco de música brasileira, mas voltado ao jazz.

Andy Summers conhece a bossa-nova

Fiz um arranjo da música "Roxanne", do The Police, e gravei com a Cris Dellano. O Andy Summers – que é o guitarrista do The Police – ouviu e me procurou através de um brasileiro amigo dele. No carnaval, nos encontramos para almoçar na Barra da Tijuca e eu disse a ele:
– Vamos fazer alguma coisa juntos um dia?
– Vamos, em outubro estarei de volta ao Brasil.

Eu nunca tinha parado para ouvir as músicas do The Police, mas aí fui ouvir. Ouvi os discos deles e percebi que a minha música não tinha nada a ver com a música deles.

Aí, Luís Paulo – nosso amigo em comum – falou:
– Você se comprometeu a tocar The Police meio em bossa-nova... Como é que você vai fazer agora?

– Ih, rapaz... não sei como vou fazer isso não... mas, tudo bem, vamos deixando...

Outubro foi se aproximando e quando faltava uma semana para ele chegar, peguei algumas músicas e fiz uma mistura de bossa-nova e The Police.

Ele chegou na noite anterior ao show que fizemos no Teatro FECAP, em São Paulo, e eu só fui vê-lo no dia desse show. Disse a ele:

– Olha, Andy, preparei algumas coisas com o meu grupo. A Cris Dellano veio para cantar. Então, ela já preparou umas três músicas do The Police. Tudo bem?

– Tudo bem.

– Vamos ensaiar um pouco a dois violões.

Naquela noite, fizemos o show e foi ótimo! Passamos duas semanas fazendo shows. (Na noite do primeiro show, ele estava "todo inglês", muito cerimonioso. No dia seguinte, ele pediu para ficar no mesmo camarim que a gente e já se entrosou com o pessoal.)

Com Andy Summers (2008)

Aí, tivemos a ideia de gravar um DVD juntos, quando ele viesse ao Brasil novamente. Ele falou:

– É o seguinte, eu vou fazer uma turnê pelo mundo com o The Police. Isso pode durar de quatro meses a um ano.

Essa turnê durou um ano e oito meses! Durante esse período, ele mandou um recado para mim, dizendo: "Olha, acabando a turnê, eu vou ao Brasil pra gente fazer aquele trabalho".

Ele veio no começo de dezembro de 2008, se não me engano, e avisou que só poderia ficar uma semana porque estava com muitos compromissos. Eu deixei tudo pronto e quando ele chegou, tivemos uma semana muito corrida: ensaiamos dois dias; fizemos dois shows no mesmo dia aqui no Rio; fomos à favela do Vidigal e lá tocamos a música "Manhã de carnaval" (a cena é linda, a gente lá em cima tocando e aparecendo todo o Rio de Janeiro...); fomos a Ipanema e eu mostrei a ele onde nasceram as principais músicas da bossa-nova; fomos ao antigo apartamento de Nara Leão para ele ver onde a gente fazia as nossas músicas (sem ele saber, convidei Leila Pinheiro, Marcos Valle, Pery Ribeiro... e fizemos uma *Jam*, uma coisa que eles não têm o costume de fazer, sabe, de se encontrar e ficar tocando); mostrei minhas plantas. (Fiz um cruzamento de bromélias e dei o nome de "Bromélia Andy Summers" e ele achou isso *beautiful*!)

Tudo isso está no DVD, que é muito interessante, porque não é o registro de um show. É um documentário que mostra o Andy Summers conhecendo a bossa-nova. O DVD se chama *United Kingdom of Ipanema* (*O Reino Unido de Ipanema*).

Acervo Pessoal de Roberto Menescal (Bruno Descaves)

Histórias que não se esquece...

Quem vive de passado é samba-canção, mas têm coisas que a gente não esquece, né?

Galeria Menescal

Um tio meu construiu a galeria Menescal, mas eu não tinha nada a ver com aquilo, só que todo o mundo achava que eu era dono. Naquela ocasião, a galeria era um *must*, era um *point* em Copacabana.

Aí, todo o mundo me perguntava:

– Pô, você é dono da galeria?

E eu desconversava:

– Ah, deixa isso pra lá... não toca nesse assunto, não!

Então, eu nunca disse que era dono da galeria, mas também nunca disse que não era!

> Tem um grupo vocal muito bom aqui no Rio de Janeiro chamado Bebossa. Eles me procuraram e disseram que queriam fazer um trabalho em cima das minhas músicas. Então, estamos fazendo alguns shows juntos. O show se chama Galeria do Menescal. (E essa galeria é minha mesmo, porque a outra – o prédio – era da família, né?)

Tom, Dolores e o poetinha

Lembro-me do Tom Jobim falando:

– Tô fazendo música com o poeta Vinícius.

E aí, ele mostrava aquelas músicas belíssimas.

Um dia, Tom mostrou "Por causa de você", que é uma música que eu adoro. O título original era "Castelo de amor". Tom perguntou à Dolores Duran, que estava ao meu lado, o que ela tinha achado da música e ela respondeu:

– A sua música é impressionante... Que música bonita! Mas a letra não é essa, não.

O Tom falou:

– Que isso, Dolores?! É do poeta!

– Pode ser do poeta, pode ser de quem for. Mas essa não é a letra dessa música. Eu vou fazer essa letra.

– Não dá! Como eu vou dizer isso pro poeta?

– Não, você não tem que dizer nada. Vou fazer a letra e se eu acertar, digo pra ele.

– Então, não tenho nada a ver com isso!

Uma semana depois, a Dolores me telefonou dizendo:

– Marquei de falar com o Vinícius e o Tom, e quero você lá de testemunha. Você vai comigo.

Vinícius não sabia o que ela queria e o Tom também não falou nada. Dolores disse:

– Vinícius, pedi pra você vir porque quero te mostrar uma coisa.

Tom fez a introdução da música e ela começou a cantar:

> Ah, você está vendo só
> Do jeito que eu fiquei
> E que tudo ficou

> Uma tristeza tão grande
> Nas coisas mais simples
> Que você tocou
> A nossa casa, querido
> Já estava acostumada
> Aguardando você
> As flores na janela sorriam, cantavam
> Por causa de você.

Quando ela terminou de cantar, Vinícius falou:
– Neguinha, a letra é tua. Fica com a música!
O Tom disse:
– Não tenho nada a ver com isso!
E o Vinícius disse:
– É claro que não pode ser a minha letra, ela é muito erudita pra tua música; a tua música é coração, sentimento...

Fiquei impressionado com a reação do Vinícius. Achei aquilo tão bonito, de uma grandeza! Essa é uma das primeiras imagens que tenho dele.

O poetinha, a embaixada e o pernil

Apesar de ser mais velho, Vinícius era muito mais moleque do que nós todos. Muito mais!
Uma vez, ele chamou a nossa turma pra ir a um jantar na Embaixada da Argentina. De repente, a embaixadora falou:
– Vão lá, está na hora de vocês tocarem. Eu quero servir o jantar.

Mas nós não estávamos lá para tocar... Éramos convidados! Aí, Vinícius olhou pra gente e disse:
– Todo mundo embora, em fila.
– Mas, Vinícius...
– Não, vamos embora!

Fomos saindo e o pessoal da embaixada não percebeu. Bem na saída tinha uma dependência grande, que era a sala de jantar que dava para a cozinha. Um garçom trouxe um pernil e colocou em cima da mesa porque o jantar já ia ser servido. Aí, Vinícius foi até a mesa, pegou o pernil e disse:
– Vamos levar!
– Mas, Vinícius...

O Vinícius entrou no elevador com o pernil e mais uns cinco caras. Por causa do pernil, não tinha espaço pra mim e eu tive que ficar lá esperando o elevador voltar. Aí, o garçom veio e perguntou:
– Ué, cadê o pernil?!
– Não vi nenhum pernil... Tinha pernil aí?!
– Tinha, eu acabei de botar um pernil aqui!

O elevador veio, fui embora e quando cheguei lá embaixo, estavam todos na portaria, sentados numa escadinha, comendo o pernil com as mãos mesmo!

Poetinha: uma lição de vida

Vinícius foi o cara que mostrou que idade não existe. Ele se vestia muito mais à vontade do que a gente! (Fui a um show dele em que ele estava vestindo um macacão – daqueles de posto de gasolina, sabe?)

Vinícius e eu nunca conseguimos fazer uma única música juntos. Chegamos a nos encontrar várias vezes pra isso, mas o papo era tão mais interessante, que acabávamos não compondo nada. Antes de falecer, ele foi lá em casa – a primeira e única vez que ele foi à minha casa. Ele ligou pra mim e disse:

– Eu sei que você está trabalhando, mas eu posso ir aí à tarde?

– Vinícius, eu desmarco qualquer coisa pra estar com você!

Passamos a tarde inteira conversando. Na verdade, esse dia foi uma despedida. Na hora, eu não havia pensado nisso, mas logo depois percebi que havia sido uma despedida.

Roberto Menescal (1958)

Nunca vi Vinícius falar mal de uma só pessoa. Nunca! Uma vez, perguntei a ele:

– Vinícius, como é que casamento nunca deu certo com você que é uma pessoa tão legal com todo o mundo?

– Como não deu certo?

– Ué, porque você casou tantas vezes...

– Se não tivesse dado certo, eu não teria tantas vezes. Eu só casei porque deu certo. Todas as vezes tudo deu muito certo. Muito! Elas todas foram ótimas, maravilhosas e eu deixei tudo pra elas. (Quando terminava um casamento, ele não levava nada, deixava tudo. Não levava nem a própria roupa.)

Vinícius é uma lição de vida. Mas nunca fizemos nenhuma música juntos.

A capota e o violão

No domingo, a primeira sessão do cinema Metro – que ficava na avenida [Nossa Senhora de] Copacabana – era a sessão das 14h00 às 16h00, onde toda a garotada de Copacabana ia.

Eu estava com 17 anos e tinha um violão que havia comprado na Lojas Sears – que era o nosso shopping na época. O violão era meio ruinzinho, mas eu adorava! Um amigo meu, que tinha acabado de fazer 18 anos, havia ganhado dos pais um carro de segunda mão que mandou pintar de branco e cromar os para-choques. O carro era conversível e tinha a capota azul-marinho. Era um *must* total!

Aí, meu amigo falou pra mim:

— Roberto, o carro ficou pronto! Vamos fazer o seguinte: traz o violão e a gente vai pra saída da sessão das duas do Metro, estaciona em frente e fica lá. Quando abrirem as portas, a gente começa a subir a capota e aparece a gente, depois o violão. (Imagina, era tudo, né!)

Fomos pra lá – com aquele topete, aquele cabelo bem armado com gumex (eu tinha bastante cabelo, ainda) – e quando abriram as portas saiu uma enxurrada de gente: meninas e mais meninas. A capota começou a subir e nós aparecemos bem descontraídos, como se estivéssemos ali por acaso. Aí, quando as meninas saíram e deram de cara com aquela cena, pararam e ficaram todas de boca aberta! (Nossa, aquilo era pra ser uma farra!) O violão estava no banco de trás, mas a base dele estava presa no banco da frente e quando ele começou a aparecer, a capota pegou no braço do violão e começou a puxar pra trás. A capota começou a entortar o braço do violão e foi quebrando ele todo... De repente, começaram a vaiar a gente! Eu falei pra ele:

— Liga esse carro!

E saímos com a capota ainda quebrando o violão.

Essa situação foi muito frustrante, porque eu achei que ia fazer um sucesso danado! Que vergonha! Aquilo foi assunto durante um bom tempo em Copacabana. Foi um dos maiores vexames da minha vida! Todo o mundo em Copacabana ficou sabendo. O assunto durou mais de um mês e toda vez que eu ia à praia, chegava um cara e dizia:

— Rapaz, fiquei sabendo do vexame que você deu...

Histórias do beco das garrafas

Talvez eu seja a pior pessoa para falar do "beco", porque fui poucas vezes lá, enquanto tinha um pessoal que ia todas as noites. (Eu ficava mais na casa da Nara com o pessoal da composição, que era a turma que dormia mais cedo.)

O "beco" era, na verdade, um lugar onde havia uns barzinhos muito mal frequentados, até que uns músicos começaram a ir tocar lá, e o público antigo do lugar foi sendo substituído pelo público novo da música. Foi lá que Miele e Bôscoli começaram a organizar shows, mas era um negócio muito pequenininho ainda.

•

O Sergio Mendes foi tocar com o seu quinteto no Bottle's Bar, que era muito pequeno. (A gente ainda teve que tirar duas mesas para que os músicos coubessem no lugar.)

Como no bar não havia geladeira, eles usavam aquela pedra de gelo grande, que deixavam dentro da cuba da pia e iam quebrando para colocar na bebida (e isso fazia muito barulho). O dono do bar não deixava o Miele e o Bôscoli beberem uísque de graça. Mas durante o show, quando a bateria dava a virada, os dois aproveitavam e cortavam o gelo para pôr no uísque: eles batiam junto com a bateria para ninguém perceber o que faziam. Então, todas as noites eles bebiam sem pagar. Eles eram muito moleques!

Miele e Bôscoli

Antes de Miele e Bôscoli aparecerem para fazer os shows, o pessoal se reunia, dava uma ensaiada e pronto; tudo era muito simples. Eles chegaram com ideias de fazer uma iluminação diferente, efeitos de luz e tal, e isso deu um ar mais profissional aos nossos shows.

No início, não havia recurso nenhum; eles arranjaram um globo de espelhos que não tinha motorzinho e pediam para algum freguês:

– Olha, dá uma rodadinha nessa bola.

Aí, o cara rodava, eles botavam uma lanterna iluminando a bola e o efeito era espetacular!

Depois de algum tempo, eles passaram a dispor de mais recursos e as apresentações foram ficando cada vez melhores.

■

Eles eram diretores musicais do *Fantástico* e todas as semanas tinham que levar uma atração para o programa. Mas eles nunca preparavam nada; chegava o dia da reunião com a equipe do programa, eles apresentavam uma ideia e falavam como se já estivesse tudo pronto.

Um dia, eles viram o disco do grupo Secos e Molhados (aquele que eles aparecem com as cabeças em cima de bandejas sobre a mesa). Era o primeiro disco e ninguém sabia ainda quem eram os componentes do Secos e Molhados. Miele e Bôscoli também nunca tinham ouvido Secos e Molhados, mas foram para a reunião e disseram:

– Isso aqui é sensacional. Vocês não podem imaginar a música que esses caras fazem!...

E eles disseram isso só por terem gostado da capa do disco! Bom, por acaso Secos e Molhados era um grupo sensacional mesmo e a aparição no *Fantástico* tornou-os nacionalmente conhecidos, um grande sucesso da música.

Miele

Miele e eu nos conhecemos no início da bossa-nova, durante a gravação de um programa, e dali em diante ele se interessou muito pela nossa música. Apresentamos Nara a ele e ela o convidou:

– Se você quiser dar um pulo lá em casa...

– Ah, eu quero – ele nem esperou, saiu do programa com a gente e já foi pra lá.

(Quando ele se juntou à nossa turma, começou a dormir na casa do Bôscoli. A casa do Bôscoli era uma colônia. Miele e Chico Feitosa dormiam lá. E isso tudo num quarto só! Eles se espalhavam pelo chão e dormiam ali. Depois, João Gilberto morou lá também.)

■

Eu já tinha participado de vários shows produzidos por ele, mas foi nos anos 1990 que ele participou de um show meu pela primeira vez. Wanda Sá e eu estávamos fazendo um show que ficou em cartaz durante duas ou três semanas. Um dia, estávamos no palco, ouvi aquela risada "bem discreta" do Miele e disse:

– Oba, Miele está aqui. Miele, venha para o palco!

Ele subiu e a gente improvisou. Cantamos e contamos histórias. Ficou bom demais! Ele desceu do palco, de repente parou e perguntou:

Com Miele e Wanda Sá (1998)

– Pô, vem cá, como é que vocês fazem quando eu não venho?
– Poxa, então venha amanhã também!

Fizemos essa temporada juntos e depois vários shows por todo o Brasil.

Miele é um companheirão, apesar de sermos completamente diferentes um do outro! Estamos sempre fazendo alguma coisinha juntos.

Inútil paisagem: a "melô" da revolução

Estávamos gravando umas músicas e, nesse dia – como nos outros dias – peguei o Sergio Barroso, que era contrabaixista, com o instrumento dele; o Humberto Contardi, que era técnico de gravação; a Wanda Sá; a minha guitarra e o meu amplificador (tudo isso num fusquinha!), e fomos ali apertadinhos.

O trânsito estava uma maravilha e conseguimos parar em frente ao estúdio. Entramos, o técnico abriu a porta e não tinha ninguém lá, nem o vigia. Nesse dia, iríamos gravar "Inútil paisagem" (do Jobim e Aloysio de Oliveira) com uma orquestra de uns 20 músicos. Esperamos algum tempo e ninguém chegou. Aí, começamos a nos perguntar:

– Será que a gente errou o dia?

O técnico falou:

– Estranho, porque não tá chegando ninguém... Será que hoje é feriado e não estamos sabendo?

Começamos a tocar e resolvemos gravar com guitarra, baixo e voz para vermos se estava tudo certo com os instrumentos, e adoramos a gravação.

(Alguns anos antes surgiu um disco que acelerou o rumo da música brasileira: *Julie is her name*, da Julie London com o Barney Kessel e um baixista chamado Ray Brown. Eles fizeram a gravação usando somente guitarra, baixo e voz, e ficou o máximo! Foi a primeira vez que ouvimos esse tipo de gravação. Então, quando gravamos "Inútil paisagem" assim, achamos que tinha ficado parecido com o estilo do disco da Julie London.)

Gravamos "Inútil paisagem" e depois, como não tinha mais nada para fazer, fomos embora.

Entramos no carro e as ruas continuavam vazias. Estávamos perto da Central do Brasil, um dos lugares mais movimentados do Rio de Janeiro, e quando passávamos perto da Cinelândia, onde fica o Teatro Municipal, passou uma turma correndo, depois uns policiais a cavalo. Eu disse:

– Que diabos está havendo aqui? Deve ter acontecido algum "rolo"... Vamos embora.

Mais adiante, na praia do Flamengo, passamos pela UNE (União Nacional dos Estudantes) e a rua estava cheia de gente. Deixei todo o mundo em casa e fui para casa também. Quando cheguei em casa, minha mãe disse:

– A revolução estourou!

– Que revolução? – perguntei.

A revolução estava acontecendo, o "pau comendo" lá fora e a gente no estúdio gravando "Inútil paisagem"! A gente até brincou que a música era a "melô" da revolução. Ninguém estava fazendo nada naquele dia, só a gente mesmo. Estávamos completamente por fora do que estava acontecendo no mundo. Éramos muito alienados mesmo. Esse era o nosso espírito na época.

■

Não gosto muito de coisas antigas, mas esse disco da Julie London é referência para mim. De vez em quando ouço e fico impressionado como que naquela época – principalmente os músicos – tocavam tão bem, de forma que mesmo hoje a gente ainda não toca. É engraçado porque esse disco de 1955 é referência até hoje como um trabalho moderno, quer dizer, não é um disco que você diz: "Ah, esse aqui está ultrapassado", porque não tem nada de ultrapassado. Ouço muito por causa disso. Claro que também têm uns discos de jazz que eu adoro. Mas os discos brasileiros dessa época eu acho que ficaram muito para trás. Esses dias, peguei um disco do Dick Farney que eu adorava e fui ouvir a música "Sábado em Copacabana" ("Um bom lugar pra se encontrar, Copacabana...") e quando ouvi, falei: "Como isso é ruim!". E naquela época, eu achava a coisa mais moderna do mundo! Esses discos não eram muito bons e o jeito de cantar era muito antigo também, sabe? Então, eu não ouço muito os discos nacionais mais antigos. Os únicos da época que realmente acho muito modernos são os três primeiros do João Gilberto feitos entre 1958 e 1962, porque ouço e digo: "Se o João fosse gravar hoje, gravaria assim mesmo". Por exemplo, você ouve até hoje um Frank Sinatra, ele é moderno, não fica ultrapassado. Esse é o grande segredo da vida... Se você conseguir isso.

Vem pra cá que eu fiz uma música tua

Eu estava em casa depois do almoço e o Tom Jobim me telefonou. Nós morávamos em Ipanema, bem pertinho um do outro.
– Menesca, o que você tá fazendo?
– Tô indo pra sua casa! – disse, já tratando aquela ligação como um convite.
– Vem pra cá que eu fiz uma música tua e tenho que te mostrar.
– Como é que é?
– Vem pra cá que eu te mostro.
Aí, saí e fiquei pensando: "Será que ele pegou uma música minha e fez um arranjo?" Cheguei lá, ele estava ao piano eu entrei e ele falou:
– Senta aqui que eu vou te mostrar uma música tua que eu fiz.
Aí, ele começou a tocar e eu percebi que não era nenhuma música minha.
– Tom, essa música é demais, mas não entendi o que você quis dizer com esse negócio de ter feito uma música minha...
– Porque esta, se eu não fizesse, você faria.
– Por que, Tom?
– Porque é o seu estilo.
(Na hora, entendi aquilo como um elogio, uma homenagem, e fiquei muito feliz.)
– Posso gravar?
– Claro que pode.
E fui o primeiro a gravar "Surf board". Gravei com o meu conjunto e a música tocou na rádio todos os dias. Aliás, tem muita gente que pensa que essa música é minha!

Tom e o medo de avião

O Tom Jobim sempre teve medo de avião. Um dia, eu disse:
– Pô, Tom, como é que pode, você que é um cara que precisa viajar ter medo de avião?
– É, eu até viajo de avião, mas eu tenho medo...

– Por que você tem medo?

E ele respondeu uma coisa muito engraçada:

– Primeiro: o avião é mais pesado do que o ar, então, como é que vai voar se é mais pesado do que o ar? Segundo: o motor é a explosão. Terceiro: foi inventado por um brasileiro. Como é que você acha que eu não vou ter medo?

O Tom era muito engraçado. Ele sempre tinha uma tirada dessas.

A filosofia do Tom

Uma vez, o Tom me disse: "Não precisa conhecer as pessoas que são famosas pela sua obra. Conheça a obra dessas pessoas", e ele tinha toda razão.

Ele contou que um dia estava atravessando a rua e viu Carlos Drummond de Andrade: "Eu vi o Drummond de Andrade do outro lado da rua, corri, atravessei e falei:

– Drummond!

– É.

Aí, percebi que não tinha nada a dizer para ele e fui embora...".

Nessa época, o Tom ainda não era conhecido. Então, Drummond ainda não sabia quem ele era.

O humor de Bôscoli

Quando Ronaldo estava no hospital, pouco antes de morrer, ele recuperou a consciência e pediu para chamar Miele e eu. Fomos ao hospital sabendo que, na verdade, aquele seria o nosso último encontro. Chegamos lá e ele estava muito mal, com os olhos fechados, todo entubado. Aí, peguei no pé dele e disse:

– E aí, como é que é?

– Que bom que vocês vieram...

Em um dos braços, ele tinha um frasco de soro e no outro um de sangue. Aí, ele perguntou:

– Vai de tinto ou de branco?

Olha o humor do cara, mesmo nessa hora!

Com Bôscoli e Miele (década de 90)

Pescador e jardineiro

As coisas simples da vida são ótimas.

Finais de semana em Cabo Frio

A natureza nos dava tanto. Era uma coisa tão bonita! Tinha peixe e lagosta em qualquer lugar que fôssemos. Dava para pegar quantas lagostas quiséssemos. Hoje, para conseguir pegar uma lagosta, é difícil! Mas tinham tantas! A gente era muito "duro" na época. Era assim:

– Vamos pra Cabo Frio?
– Vamos!
– Olha, tô sem dinheiro...
– Eu também, mas não tem problema. Vamos!

Chegando lá, a gente pegava quarenta, cinquenta lagostas, vendia no hotel e dava pra ficar cinco dias por lá só com o dinheiro que a gente ganhava. A gente saía com tanta confiança que a natureza ia nos dar essas coisas, que não tinha erro...

Quantas vezes fomos para lá e passamos uma semana, sem dinheiro nenhum! Depois, vimos que não é bem assim que a natureza funciona.

Pesca

No final da minha fase de pesca submarina, fui me dedicando cada vez mais à fotografia submarina, porque vi um fundo de mar que pouca gente no mundo viu; ou melhor, vi um fundo de mar que ninguém mais vai ver. Havia uma quantidade inacreditável de peixes! Hoje, as pessoas mergulham e ficam impressionadas quando veem uma estrelinha do mar. Mas quando eu mergulhava, a gente se deparava com umas coisas que nunca tinha visto: muita arraia, tubarão... E a gente não sabia quais eram as

Com Ronaldo Bôscoli após pescaria (1960)

reações dos bichos; hoje a gente já sabe. Eu quis guardar algumas imagens em foto; não queria que aquilo ficasse somente na memória, sabe? Então, fotografei bastante coisa, mas foi me dando uma tristeza muito grande ver a degradação do mar. Eu mergulhava em lugares cada vez mais distantes, quase inacessíveis, e quando chegava lá encontrava um montão de latas de cerveja no fundo do mar. Aí, em 1985, resolvi parar: estava indo para uma pescaria e parei no meio do caminho. Nunca mais mergulhei. Eu quero guardar o lado bom, não a decadência. Mas fui um apaixonado por mergulho.

O mundo é feito de misturas

Em 1994 fui a um congresso de botânica em um hotel em Itatiaia. Esse congresso durou uma semana. Choveu todo o tempo. Então, à noite, o pessoal ficava dentro do hotel, jantava e ficava lá tocando violão, vendo filme e tal. Resolvi tirar as noites pra ficar numa boa, lendo, não quis me enturmar.

Em um dos dias do congresso, fiz uma palestra para um público pequeno sobre o cultivo de bromélias. Disseram pra mim:

– Legal, você se dedica às bromélias, que é uma coisa que pouca gente faz. Mas você tem uma casinha aqui em Itatiaia, que fica perto do parque, onde está plantando muitas bromélias. Daqui a pouco, os pássaros vão começar a cruzar essas bromélias; pegar sementes de uma, jogar na outra e logo o parque vai ficar com algumas bromélias que não são de lá, alguns híbridos.

– É verdade.
– Isso vai bagunçar tudo!
– Essa é uma visão sua.
– Não, é a visão da nossa turma toda aqui.
– Mas não é a minha visão. A minha visão é diferente: se as plantas diferentes podem ser cruzadas é porque a natureza foi feita pra isso.

Eles insistiram que não podia, então falei:
– Me deixa fazer umas perguntas: há quanto tempo vocês estão aqui?
– De quatro pra cinco dias.
– Ok. Tem chovido todos esses dias?
– Sim.
– Ontem, eu estava no meu quarto e ouvi vocês tocando violão.
– É, a gente pensou até em te chamar...
– Tudo bem. Vocês ficaram tocando até que horas?
– Até as quatro da manhã.
– Beberam?
– É... a gente tomou uma cerveja, um vinho...
– Então estava chovendo, vocês tomaram uma cerveja, um vinho, tocaram violão... Quantas pessoas têm aí?
– Tem muita gente! Mais de quinhentas pessoas.
– Todos brasileiros?
– Não, holandeses, russos, americanos...
– Ok. Será que não houve nenhum "cruzamento" aqui? Eu quero saber: você acha que houve ou não houve?
– Sei lá, de repente...
– Pelas possibilidades deve ter havido vários. Quer dizer, o homem pode cruzar; as bromélias, não? Se for isso, tudo bem, não discuto mais! Mas não tem mistura de chinês com brasileiro, cubano com americano? Tem de tudo e com as bromélias não pode? Ah, gente! Qual é?

Claro que isso gerou um debate sem fim e é um assunto que está em discussão até hoje.

Não dá para evitar que as misturas aconteçam! Isso está acontecendo no mundo inteiro! Quando fui à Suécia pela primeira vez com a Elis Regina, trinta e poucos anos atrás, eram todos loiros de olhos azuis, iguaizinhos. Voltei lá há pouco tempo e agora você vê muita mistura. Então, tem mulato de olho verde e o resultado foi fantástico! O mundo é mutante, é feito de misturas e as bromélias também! Isso é algo que eu sempre insisto nos encontros de ecologia em que vou, porque se não fosse para cruzar, haveria barreiras naturais. Mas não há.

Os espectadores vão achar isso o máximo!

Há alguns anos, na extinta TV Manchete, havia um programa chamado *Manchete Rural*, que era sobre a natureza e eles fizeram um dos programas comigo.

Fizemos a gravação, eu mostrei as bromélias, expliquei como fazia o plantio, os cruzamentos e tal. A apresentadora queria terminar o programa em algum lugar especial e pediu uma sugestão. Eu sugeri ficarmos perto de uma árvore grande, cheia de bromélias.

Quando começaram a gravar, ela disse:

– Roberto, todo o mundo tem um trabalho, mas todo o mundo tem um *hobby*. Você trabalha com bromélias, mas qual é o seu *hobby*?

Eu não estava entendendo bem o que ela queria dizer, mas...

– O meu *hobby* são as bromélias – disse.

– Não, está bem, você trabalha com as bromélias, mas você faz alguma outra coisa na vida?

– Não sei se estou entendendo bem, mas eu trabalho com música...

– Ah, que fantástico! Você trabalha com bromélias e também gosta de música! Mas você faz alguma coisa com a música?

– Eu sou músico!

– Ah, que legal! Os espectadores vão achar isso o máximo!

Depois dessa, eu não falei mais nada...

Isso mostra um problema que existe na imprensa: a pessoa vai gravar um programa longo comigo e não sabe nem o que eu faço.

"As bromélias são o meu refúgio"
(2009)

Refúgio

As bromélias são minha grande paixão. Eu sempre fui muito ligado à natureza e foi em Angra dos Reis que vi a primeira orquídea em uma pedra, enquanto pescava. Depois, foi lá que vi as primeiras bromélias. Fui largando a pesca e me dedicando cada vez mais ao cultivo – primeiro de orquídeas. Aos poucos, fui conhecendo as bromélias e quando vi a importância delas na natureza e na ecologia, comecei a deixar as orquídeas de lado e me dedicar apenas às bromélias. (Muitas pessoas se dedicavam às orquídeas, enquanto pouquíssimas se dedicavam às bromélias. Então, percebi que seria muito mais útil com as bromélias do que com as orquídeas.)

Até hoje me dedico muito a elas. Todos os dias eu dispenso pelo menos meia horinha de manhã para as bromélias. Quando estou em casa, passo o dia inteiro (não é modo de falar não, é o dia inteiro mesmo, das 10h30 da manhã às 7h30 da noite) trabalhando com as bromélias. Faço cruzamentos, tiro mudinhas... Além de me exercitar, porque carrego os vasos de um lado para outro, lidar com as bromélias "carrega a minha bateria".

■

Acho que Deus me deu a coisa mais linda do mundo, que é a música, e me deu um *hobby* do qual gosto muito, que são as bromélias. Eu mexo com bromélias, estudo profundamente as plantas e não posso viver sem elas. É o meu ponto de equilíbrio, porque passo o dia inteiro trancado no estúdio e as plantas são o outro lado, o *hobby*. Tanto que já me perguntaram:

– Você já fez música pras bromélias?

Eu disse:

– Nunca, nem vou fazer! – porque quando mexo com as bromélias é justamente a hora que largo tudo e fico junto delas. Quando não estou trabalhando, vou pra lá. As bromélias são o meu refúgio.

Encontro com Margaret Mee

Um dia, o Burle Marx me convidou para almoçar na casa dele. Lá, conheci a artista Margaret Mee. Era uma pessoa adorável.

Sempre gostei muito da Margaret Mee por causa dessa minha admiração pela natureza e achei bonito uma pessoa que sai da Inglaterra e vai para a Amazônia desenhar as plantas e deixar aquilo para a posteridade. Os desenhos dela são mais perfeitos do que fotos. Ela disse para mim:

– No desenho, você chama a atenção para os detalhes que quer mostrar. Na foto, você não pode escolher. Você fotografa e espera que a pessoa veja, enquanto no desenho eu chamo a atenção para o que eu quero que a pessoa veja.

Nunca mais tivemos nenhum encontro, porque logo depois ela morreu atropelada em Londres. Imagina, ela andou tanto tempo aqui sozinha pela Amazônia e, de repente, morre atropelada em Londres...

Pé na estrada

É preciso aproveitar os momentos ao máximo pra não perder as coisas boas que a vida sempre traz.

Camarim

Gosto muito de ficar no camarim antes do show, porque é onde eu toco violão. (Porque não estudo o meu instrumento. Faço tanta coisa que, onde consigo parar mesmo para tocar é no camarim.)

Às vezes acontece de um show atrasar e as pessoas ficam reclamando, acham chato ter atrasado. Chato por quê? Eu acho ótimo quando o show atrasa! Isso não me perturba, não! O que me perturba é quando eu estou ali no camarim antes do show e as pessoas vêm falar comigo, conversar. O tempo que você tem antes do show é uma concentração. Acho que é até um momento meio sagrado, sabe? Mas tem gente que faz questão de ir ao camarim antes do show porque acha que se for ao final vai ser difícil, vai ter muita gente. É muito ruim quando você está no camarim antes do show e as pessoas chegam e começam a conversar... Claro que se a pessoa for ao camarim antes do show, eu vou atender. (Posso garantir que ninguém atende mais as pessoas do que eu. Acho que atender as pessoas faz parte disso, sabe?) Mas se puder ser depois do show, eu prefiro, porque não dá para você se concentrar; as pessoas vêm com vários assuntos e você acaba se distraindo. Acho essencial ter essa concentração antes do show. Gosto do momento de ficar no camarim, entende? Se me botar num lugarzinho com o meu violão, pode me deixar dez horas ali que eu fico tranquilo. (Ainda mais se tiver um vinhozinho e tal...) Eu gosto muito mesmo!

Em show na Itália (2005)

> Outro dia, um paulista amigo meu [Sergio Scol] me perguntou um negócio muito interessante:
> – Roberto, afinal o que você é na música?
> Eu respondi:
> – Ih, rapaz, sabe que eu nunca pensei nisso? – porque eu não sou o compositor, o instrumentista, o produtor, o artista e assim por diante. Mas, eu sou um pouco de tudo. Não me dediquei a nada intensamente, mas me dediquei a várias áreas dentro da música, o que me deu muitas possibilidades na vida. Não sou nada inteiro, mas sou um pouco de tudo!

Festa, tô fora

Mandei fazer camisetas com a frase: "Festa, tô fora". Quando termina meu show, eu visto a camiseta. (O cara chega animado pra me convidar para uma festa, vê a camiseta e fica meio inibido. Algumas pessoas badalam demais. A pessoa diz: "Vamos lá, vai ser superlegal! Tá todo o mundo...". Bom, se tá todo o mundo, é sinal que eu não vou!) Mandei fazer mesmo, tenho seis. Aliás, preciso até mandar fazer mais umas, porque elas já estão meio velhinhas de tanto usar...

Eu e Yara não badalamos muito, não. A gente, praticamente, não badala. No máximo, a gente vai jantar fora com uns amigos e esse é o auge da badalação. Eu só saio mesmo para trabalhar. Agora, sair pra festa, não! Quatro pessoas – ou mais – pra mim já é festa. Agora, mais de seis, é multidão. Aliás, aproveito para pedir: "Por favor, não me convidem mais para festas".

Viagens

Gosto muito de viajar. Na hora que o avião levanta, é como se cortasse o fio do dia a dia, dos problemas, das contas a pagar, do cara chato que te procura... De todas essas coisas. Então, minhas viagens são como férias. Mas não faço turismo nenhum, não! (Vou te contar, eu fui ao Corcovado duas vezes na minha vida. E só fui porque ia tocar.)

Eu adoro hotel, quarto de hotel – ou então um lugar onde eu possa andar.

Na Austrália, fiquei em um hotel na beira da baía onde eu saía para andar e passava horas andando!

Quando vou ao Japão gosto de andar pela rua. Nada mais!

Não vou conhecer os lugares turísticos. Gosto de ir a lugares simpáticos, onde eu possa ter paz.

Roberto Menescal (2009)

■

Quando fui buscar o Paulo Coelho em Londres, não visitamos lugares turísticos. Quando íamos a algum lugar, íamos a pé, conversando e vendo as coisas à nossa volta. Aí é bom, né? Porque quando você fica pegando táxi para ir a todos os lugares, você não vê nada.

No nosso último dia lá, Paulo falou:

– Vamos dar uma volta, Roberto? Quero me despedir das coisas que fiz durante o ano.

Foi superbacana: andamos o dia inteiro, fomos ao supermercado onde ele ia, ao barzinho onde ele tomava um uísque no final da tarde...

Paulo e eu somos muito parecidos nesse aspecto. Temos essa característica de estar entre as pessoas observando o cotidiano delas.

■

Gosto de ir a lugares onde sou bem tratado. Uma vez, fiquei hospedado em um hotel e as pessoas eram tão mal-educadas que paguei o gerente para me tratar bem.

Perguntei para ele:

– Quanto é que custa para me tratar bem? Cem dólares estão de bom tamanho? Aqui estão cem dólares.

– Ah, não precisa disso...

No Japão com Marcos Valle e fãs (2010)

2ª foto: Acervo Pessoal de Roberto Menescal (Patricia Alvi)

– Precisa sim! Eu quero ser bem tratado!

Depois que paguei, ele passou a me tratar tão bem! Você tinha que ver, era "senhor" pra cá, "bom-dia" pra lá...

Antes, eu pedia alguma coisa e ele respondia:

– Agora não posso.

Depois que eu paguei, não precisava nem chamar. Ele já vinha sorrindo e trazendo coisas.

– O senhor precisa provar esse vinho, é uma maravilha!

Imagine só, é odioso você ter que fazer uma coisa dessas na sua vida, pagar para que a pessoa trate você bem! Não peço nada demais, só quero que a pessoa seja educada. Só isso! É um direito que você tem. Pô, você pagou para viajar, tá pagando hotel, comida, táxi... O que custa o cara ser pelo menos educado?

Roberto Menescal (2008)

> Cada dia da minha vida continua sendo muito interessante. Um dia desses, peguei um avião e quando estava na porta, o piloto me chamou:
> – Vem cá!
> – O que foi?! Eu não fiz nada!
> – Entra aqui!
> Eu entrei na cabine e ele trancou a porta.
> – Rapaz, você aqui no meu vôo?! Pô, rapaz, eu tenho tudo o que é disco teu! Você vai viajar aqui comigo!
> Viajei na cabine do piloto e ele foi me explicando como tudo funciona. (Eu nunca tinha imaginado viajar na cabine do piloto!)

Minhas protetoras

Solange Kafuri e Giselle Kfuri são minhas produtoras, não sei exatamente há quanto tempo, mas certamente há mais de 12 anos. (Aliás, até hoje não sei o porquê dessa diferença dos sobrenomes, pois são mãe e filha!)

Solange trata mais do lado artístico e Gisa da venda de shows. Solange no Rio e Gisa em São Paulo.

Elas me tratam como amigo, filho, artista. Se deixar, eu viro o cara mais "mimado" do mundo! Elas ficam o tempo todo perguntando se estou com fome, com frio, triste, chateado, coisas as quais nunca reclamei.

Acervo Pessoal de Roberto Menescal (Ronaldo Aguiar)

Realmente, me sinto protegido sabendo que as duas estão sempre pensando em mim e procurando fazer tudo de melhor em relação ao meu trabalho e mesmo fora dele. Elas são minhas protetoras!

Com sua Produtora Solange Kafuri (2007)

Gurus

Muitas pessoas foram importantes para mim, mas algumas foram gurus que participaram de momentos decisivos da minha vida, me deram toques muito importantes. Certamente, se não fossem essas pessoas, hoje eu não seria exatamente o que sou.

João Gilberto: o guru da sensibilidade

A primeira pessoa – que eu me lembre – que teve grande importância na minha virada na vida foi o João Gilberto. Tocamos muitas vezes juntos e ele foi me dando vários conselhos. Ele começou a dizer para mim:

– Rapaz, dê menos importância à velocidade na hora de tocar e dê mais importância à emoção.

Aí, eu tocava e ele dizia:

– Você continua dando mais importância à velocidade. Vamos tocar de novo bem devagar. Você vai ver que é muito mais difícil tocar devagar do que rápido. (Imagine, eu tinha 18 anos, doido para tocar tudo rápido e ele me dizendo para tocar devargazinho!) Você tem que ver o caminho que faz entre um acorde e outro.

Ele foi me mostrando essas coisas e aos poucos o meu modo de tocar foi mudando. Hoje, tenho um modo de tocar que veio muito daí, dessas dicas que ele me deu. Então, ele teve uma importância total na minha vida.

Além disso, quando eu tinha 18 anos não era um leitor, quer dizer, eu lia uma revista, uma coisa ou outra, mas não lia muito, não. João dizia assim pra mim:

– Se você quer ser músico, você precisa ler alguns livros.

– Livros de música?

– Não, não! Livros importantes para a vida...

– Ah, João, mas o que, por exemplo?

– Saint-Exupéry...

– Sim, sei... *O pequeno príncipe*?

– Não, esse todo mundo já leu. Você poderia ler *Terra dos homens*.

Ele sugeriu também *Cartas a um jovem poeta*, do Rilke. No livro, Rilke responde às cartas de um menino que escreve para ele. Ele diz que o menino está com a janela do quarto aberta e fala das montanhas que está vendo, mas não vê nada da janela para dentro do quarto; ele queria ver além das montanhas, mas ainda não via o que estava dentro do seu próprio quarto.

Roberto Menescal e seu Violão: paixão eterna (2000)

Esses dois livros foram ótimos para mim porque trouxeram uma nova visão em relação à música – sem falar de música.

Então, João me deu um toque desses livros que acrescentaram muitas coisas à minha vida, até com relação à música. João me deu esses primeiros toques que foram muito importantes para mim, então ele é o meu guru da sensibilidade.

Tom Jobim: o guru da música

Tom Jobim tinha uma generosidade muito grande com a nossa turma. Quando nos conhecemos, eu estava no início da minha carreira, ainda não tinha nem 20 anos e ele –

dez anos mais velho que eu – já era um grande mestre da música. (Para mim, o maior mestre da música, em todo o mundo, foi e continua sendo o Tom.)

De vez em quando, ele telefonava para mim e dizia:

– Menesca, eu preciso muito conversar com você.

Eu ia para a casa dele na hora. Mas acho que, na verdade, ele não precisava falar comigo, não! Acho que ele via que era eu quem estava precisando dele. Então, ele me chamava. Eu chegava lá e ele dizia:

– Poxa, eu ouvi uma música sua e queria saber como é que é, porque eu preciso aprender essa música...

É claro que o Tom não precisava aprender a minha música, mas ele me dava a chance de mostrar as minhas músicas para ele, a chance de o aluno mostrar a sua música para o mestre. O normal seria ele mostrar as músicas dele e eu absorver aquilo tudo. Mas ele pedia para eu mostrar as minhas músicas.

Eu ainda estava bem no começo. Então, eu tocava e ele dizia pra mim:

– Me deixa tocar aqui, para ver se eu aprendi.

E quando tocava, ele botava uma nota diferente em algum lugar e dizia:

– Ih, acho que eu errei, desculpe...

Mas, na verdade, ele não tinha errado. Ele estava me dando um toque, me mostrando outras notas que eu poderia usar.

Eu dizia:

– Não era assim, não, mas agora é!

Quantas vezes ele fez isso! Então, as minhas primeiras músicas certamente tiveram esses toques dele. Isso foi o máximo para mim, porque imagine só um cara como o Tom Jobim, que compôs aquelas músicas maravilhosas, me dando aquela força, né? Além disso, ele sempre mostrava as minhas músicas para outras pessoas.

Então o Tom, além de ser esse grande mestre que todo o mundo conhece, tinha esse outro lado fantástico. Quem não conversou com o Tom não sabe o que perdeu na vida, porque ele tinha histórias maravilhosas. Tom foi o meu guru da música, o meu grande mestre.

Luiz Correia de Araújo: o guru da natureza

Tem um cara que você não conhece chamado Luis Correia de Araujo. Nós nos conhecemos quando eu tinha uns 17 anos de idade. Eu estava voltando de Cabo Frio com uns amigos e quando chegamos perto de Niterói paramos em uma praia linda, deserta, chamada Itaipú. Fomos nadar. Meus amigos foram ficando meio para trás, perto das pedras, e eu continuei nadando. Quando cheguei lá na ponta das pedras vinha um cara nadando. Nós nadamos até as pedras e ficamos lá conversando um pouco. Ele disse que estava na praia de Itaquatiara, que era a praia seguinte, na casa de uns amigos e perguntou se eu não queria ir para lá bater um papo. Fomos lá, almoçamos e ficamos amigos.

Ele era seis ou sete anos mais velho do que eu e tinha quatro filhos pequenos. Perguntei o que ele fazia e ele me disse:

– Eu vivo da natureza.

– Como é viver da natureza?

– Eu pesco, vendo os peixes, levo peixe para casa...

– Mas dá para viver disso?

– Dá sim. Eu vivo uma vida simples, mas dá para viver. Quando não estou pescando, faço jardins. (Ele pegava umas plantas e fazia uns jardins bem brasileiros, usando as plantas aqui do Rio.)

Fomos ficando amigos, pescávamos juntos de vez em quando e eu comecei a me interessar pela natureza. Comecei a entrar no mato com ele e ele foi me mostrando e me ensinando muitas coisas. Ele dizia para mim:

– Não olhe só para as árvores, não; olhe para o chão, porque de repente você tá pisando em alguma coisa interessante.

Então, com isso, ele foi me ensinando a ver a natureza. Ele falava uma coisa muito interessante:

– Sabe, quando você sai da cidade e vai para o litoral? Eu vejo o seguinte, você sai da sua casa pensando onde vai chegar, "ah, daqui duas horas e pouco a gente chega lá", mas quantas coisas vão acontecer nessas duas horas e pouco, por quantas coisas interessantes você vai passar?

Então, hoje, quando vou para algum lugar, vejo milhões de coisas que não veria se ele não tivesse me ensinado a curtir a natureza. Graças a ele, vejo coisas que a maioria das pessoas não vê. Ele foi o meu guru da natureza.

Menescal: "O Jardineiro da Canção" (frase do compositor José Carlos Costa Netto) (2006)

André Midani: o guru da organização

Conheci o André logo no início da bossa nova. Ele veio ao Brasil para passear e ficou na casa de uns amigos dele, que também eram meus amigos. (Veio somente para passar alguns dias aqui, mas acabou ficando a vida inteira.)

Ele foi levado à casa da Nara Leão e se apaixonou pela nossa música. Quando começou a trabalhar na Odeon, nos levou para lá e eu gravei o meu primeiro compacto duplo, o Bossa é bossa. (Naquela época, gravadora nenhuma queria saber da gente, mas o André dava a maior força. Ele mostrou a gente, levou o João Gilberto para gravar e foi aí que a bossa-nova começou a aparecer profissionalmente. Então, ele foi muito importante nisso. Imagine, precisou vir um cara de fora para perceber o que os brasileiros não estavam percebendo.)

André e eu ficamos muito amigos. Algum tempo depois, ele recebeu uma proposta de trabalho e foi para o México. Dois ou três anos mais tarde, ele telefonou para mim dizendo que ia voltar ao Brasil e vender as coisas dele. Tirei a semana para ajudar o André, mas quatro dias depois que estava aqui, ele disse:

– Poxa, o Brasil tá tão legal, rapaz... Nesse tempo que eu passei fora, o Brasil ficou muito melhor... Não quero mais ir para lugar nenhum, quero voltar para o Brasil. Você sabe se tem alguma gravadora precisando de alguém?

– Olha, a PolyGram vai precisar porque o presidente de lá vai voltar para a França...

O André foi conversar com o presidente que o contratou para ficar em seu lugar.

Nessa época, eu tocava com a Elis Regina e já fazia algumas coisas para a PolyGram. Aos sábados e domingos, André e eu andávamos de uma ponta a outra da praia

O primeiro disco (1958)

de Copacabana conversando, falando dos nossos planos e das coisas que estavam acontecendo na música brasileira.

Quando resolvi que ia parar de tocar com a Elis, ele me chamou para trabalhar na PolyGram.

– Eu quero que você trabalhe na PolyGram como produtor e muito rapidamente como diretor artístico.

– Mas por quê? Só por que somos amigos?
– De jeito nenhum.
– Mas por que você acha que daria certo?
– Porque para trabalhar com isso, o cara tem que ser músico e, em geral, os músicos são irresponsáveis, não têm organização nenhuma.
– Mas eu também sou assim...
– De jeito nenhum, desde os primeiros ensaios de bossa-nova, eu vejo que você é quem acaba organizando as coisas. E é isso o que eu quero, um cara que seja músico, mas que seja organizado.

E foi através dele que me descobri como executivo na música. (Eu desconhecia esse lado que foi, e continua sendo, muito importante para mim.) Então, ele é o meu guru da organização.

Paulo Coelho: o guru da confiança

Paulo me chama de guru até hoje. Ele diz que no momento em que ele precisava, eu estava lá junto dele. Mas, por outro lado, ele me devolvia tudo – talvez ele nem saiba disso.

Ele dizia para mim:

– Vou sair da PolyGram, vou ser escritor. Você deveria sair também, porque está perdendo muito trabalhando aqui. Já passou 15 anos na gravadora; está na hora de pegar tudo o que aprendeu aqui e partir para outra coisa.

Eu respondia:

– Mas, Paulo, eu sou um dos caras mais bem pagos desse meio...
– E daí? A realidade pode ser muito maior do que isso.

Ele foi me dando esses toques e depois que saí da PolyGram, vi que ele estava certo porque minha vida mudou: começou uma nova etapa muito legal. E isso só aconteceu por causa da força que o Paulo me deu naquele momento.

Ele me mostrou que eu deveria ter autoconfiança e estou aqui até hoje fazendo coisas que não estaria fazendo se tivesse ficado na PolyGram. Uma hora, eu teria que sair e sairia sem saber o que fazer. Então, o Paulo me mostrou que eu deveria sair antes disso, sair no auge, sair por cima, com mil possibilidades. Então, Paulo foi muito importante porque me deu confiança para seguir a vida fazendo outras coisas. Ele é o guru da confiança.

Família

A gente se ama muito. Os meus três filhos são completamente diferentes, mas a gente forma uma coisa muito legal.

Yara, mulher e companheira de uma vida

Sou um dos poucos do meio musical que é casado com a mesma mulher todo esse tempo. Conheci Yara em Copacabana, na praia.

Eu via a Yara chegando sempre com outra menina, amiga dela, e elas ficavam perto de onde eu ficava. Era aquela paquera de praia mesmo, né? Elas sempre jogavam frescobol. Um dia, a bola caiu perto de mim. Fui levar pra ela e pronto! A partir daí, foi mole!

Foi legal porque quando a gente começou a namorar, ela já sabia da música, da turma, da pescaria e fez parte de tudo isso. Ela não era uma pessoa que falava: "Ah, mas eu não gosto disso, detesto o mar...". Começamos a namorar, mas ela "seguiu o regulamento", por isso estamos juntos até hoje.

Com o filho Claudio, Cris Delanno e a esposa Yara (2004)

Depois que me casei, fiz uma casinha num lugar muito simples na beira da praia. Não tinha luz, bomba d'água, nada. Tinha uma bomba manual para puxar a água, e a luz era lampião e vela. A gente foi para lá duro, duro, duro, tentando, de repente, largar tudo o que estava fazendo e ficar lá por um tempo. Ficamos quase dois meses, mas aí começou a chegar o inverno e a realidade! Porque fica frio e o mar fica feio... Aí, fomos embora.

Vivemos ali pescando peixe, lagosta, vendendo... E foi com isso que eu mobiliei a casinha. Mas isso tudo foi sonho de um verão!

Os filhos

Eu e Yara nos conhecemos quando eu tinha uns vinte e poucos anos, no auge da bossa nova. Nos casamos três anos depois e tivemos três filhos.

Adriana

Quando Adriana – minha filha mais velha – nasceu, eu fiz uma música para ela. Mas ela era pequena, como eu ia dizer que tinha feito uma música para ela?

Um dia, quando ela estava com uns 15 anos, cheguei em casa e encontrei Adriana com um montão de discos espalhados pelo chão da sala. Ela disse:

– Pai, tem uma música sua chamada "Adriana"...
– Ih, minha filha, esqueci de te contar. Eu fiz pra você quando você nasceu!

Hoje, minha filha tem uma companhia que atua em projetos de internet, e faz projetos para grandes empresas. Ela trabalha adoidado, tem um monte de empregados, é a própria executiva: sai de casa cedo e chega tarde.

Marcio

Dos meus filhos, só um foi para a música, que é o do meio, o Marcio. Ele toca contrabaixo, é do grupo BossaCucaNova e trabalha comigo aqui no estúdio o tempo todo. (Aliás, agora estou falando com você aqui escondido dele, porque se ele souber que estou aqui... Ele quer que eu grave um arranjo dele e eu tô aqui "na moita", se não eu não ia conseguir falar com você!)

Ele fez uma coisa parecida com o que fiz. Quando estava no científico, ele falou:

– Pai, eu queria trabalhar. Sei que você fez isso também. (Claro que eu não tinha moral nenhuma para obrigar meu filho a estudar, em vez de trabalhar! Quando ele trazia o boletim com aquelas notas horríveis, eu brincava: "Você tem que ver as notas dos seus tios!" – porque as minhas eram horríveis também!)

Mas realmente entendi meu filho muito mais do que o meu pai me entendeu na época. Eu disse:

– Marcio, não tem problema nenhum... Você pode fazer o que quiser da sua vida desde que você se vire. Então, vai trabalhar.

Ele foi trabalhar como programador de rádio, até que um dia apareceu no estúdio e conversou com o meu sócio – eu nem sabia disso – pra ver se podia trabalhar lá. Ele ficou por lá e foi crescendo dentro da música.

Em Cannes (França) com o filho Marcio (2003)

Tenho um prazer muito grande em trabalhar com ele, e a gente é superprofissional um com o outro. É bom ver como gerações tão diferentes se entendem tão bem. Eu só acho que ele é muito careta, sabe? Eu vivo dizendo pra ele:

– Marcio, você é muito careta!

Porque às vezes eu quero fazer alguma coisa diferente e ele diz:

– Pô pai, não fica bem...

Mas nós trabalhamos muito bem juntos!

Claudio

O Claudio – o caçula da turma – no dia que se formou engenheiro, disse para nós:

– Estou indo para Floripa.

– Ok, quando você volta?

– Estou indo para morar!

No início, aquilo foi um choque! Mas hoje a gente entende perfeitamente o estilo de vida que ele escolheu. Ele está muito feliz com isso e nós também. Todos os anos, nós passamos uma semana com ele e ele vem nos visitar umas três vezes por ano.

Eu o chamo de "Engenheiro do Havaí", porque ele é formado em engenharia e pega onda todos os dias antes e depois do trabalho! Ele é aquele "tio surfista" que nunca vai parar de surfar.

Claudio: o engenheiro do Havaí (2006)

1ª foto: Acervo Pessoal de Roberto Menescal (Jean Philippe)

Os netos

Tenho quatro netos, três meninos e uma menina. São quatro personalidades completamente distintas, das quais estou acompanhando o crescimento, sentindo os caminhos que devem seguir.

O Marcio se casou e teve três filhos logo de uma vez: João Pedro, Mateus e Ana Cecília. Marcio é completamente "abobalhado" por eles! A mãe, Maria Rosa, também é de uma dedicação total com essa turminha.

O primeiro, João Pedro, é um personagem enigmático que está vivendo "aquela" confusão, tentando decidir o que irá fazer na vida. João vai viajar pela Europa de mochileiro com um amigo e isso, certamente, abrirá sua cabeça e o ensinará a "se virar" na vida. Acho que ele está partindo para uma experiência que será muito enriquecedora.

O segundo, Mateus, é o poeta da nova turma dos "Menescas". Desde cedo escrevia textos, poemas e fazia algumas composições. Ele estuda violão e guitarra e é superpopular entre os amigos. Se dermos qualquer abertura, ele sobe ao palco!

Com os netos (2005)

A terceira é Ana Cecíla, Aninha, nossa única neta e, por isso também, a princesinha! Ela é supermeiga, meio "patricinha", tranquila, observadora, pratica a ginástica das "fitas", e faz trabalhos manuais e artísticos. Ela estuda teclado e já toca algumas músicas minhas, certamente para me conquistar ainda mais!

O quarto da turma é Pedro Francisco, o Pedrinho, é claro, filho da minha filha Adriana. Ela e o meu genro, Eduardo Creso, têm dado uma grande educação a ele, sem dúvida nenhuma! Pedrinho é o intelectual da turma. Apesar de praticar capoeira e natação, se destaca mais na parte intelectual. Sua cultura geral é muito grande e seu interesse pelos assuntos abordados pelos mais velhos faz com que ele vire "coringa" em qualquer roda.

Meu filho Claudio é o "tio surfista"! Ele ainda não nos deu netos e, com a demora, talvez nos dê bisnetos direto!

Os netos estão crescendo numa velocidade impressionante! Quando percebi, o mais velho já estava com 16 anos. Eu disse: "Não é possível... Eu não vi essa passagem dos dez pros dezesseis"! Aí, a voz vai engrossando e derrapa de vez em quando...

Os bichos: parte da família

O nosso tempo de vida é muito maior do que o da maioria dos bichos, mas a gente nunca se acostuma com isso. Quer dizer, quando você pega um cachorro, sabe que ele vai viver uns 12, 14 anos, mas a gente não se prepara para isso.

Tenho cachorro há 40 anos e nesse tempo já tive vários. Hoje, eu tenho duas branquinhas – Ana e Nina – que dormem na cama comigo, e uma vira-lata chamada Vitória. (Eu tinha

Acervo Pessoal de Adriana Menescal

Com as poodles Ana e Nina (2009)

Com Vitória (2009)

vontade de ter uma vira-lata, dessas que a gente apanha na rua, pra tirar daquela vida que talvez não fosse feliz. Então, a gente botou o nome dela de Vitória, por ter conseguido isso. Quando ela chegou, era pequenininha, cabia na mão! E agora, em pé, fica quase do meu tamanho! Ela é mansinha, mas é uma louca total, muito desastrada! Mas está dando uma alegria muito grande pra gente.)

Fora isso, tenho os gatos. Dois podem tudo: andam na casa inteira, o dia inteiro, junto com os cachorros, deitam na cama dos cachorros. Tem uma que só pode entrar na casa à noite, porque os outros não a deixam entrar. (Se ela entrar, eles saem correndo atrás. Mas à noite ela entra sem problema nenhum e até sobe na cama.) Fora isso, tenho mais três que não podem entrar de jeito nenhum. Então, eles ficam pelo alto o tempo todo, ficam pelo muro, pela minha estufa de plantas...

Fiz um lago que tem um montão de tartarugas. Porque é aquele negócio, a criança ganha uma tartaruguinha, ela cresce e aí o pessoal pergunta pra mim: "Pô, Roberto, posso pôr aí no seu lago?". Além disso, elas começaram a cruzar. Então, nasceu um monte de filhotes. O lago está cheio de tartarugas e peixinhos.

Há muita vida na minha casa. E a maioria está na paz – eu falo a maioria, por causa da briga dos gatos! Acho que hoje eu não poderia viver sem os bichos. Eles fazem parte da minha vida.

Para completar, o meu estúdio fica numa ilha. Há várias árvores na frente da minha janela e os miquinhos ficam me olhando!

Olhar pra trás

Tenho uma coisa bacana de olhar pra trás e falar: "Pô, valeu a pena, né?". Acho que tive uma sorte danada de participar da bossa nova há mais de cinquenta anos e ela estar viva até hoje, porque o normal é que uma coisa dessas dure dez anos. É como jogador de futebol: joga dez anos, depois vira técnico, abre uma loja de esportes... Se eu tivesse entrado em algo assim, acho que hoje teria uma lojinha de música, discos e tal. Mas cinquenta anos depois, eu continuo trabalhando com isso e esse é o maior presente que a vida poderia me dar.

De olho no que está por vir

Aí, você fala assim: "Mas até quando a bossa-nova vai durar?". Eu não sei, nem penso nisso, mas acho que o meu trabalho com bossa-nova não vai acabar tão facilmente, não! As portas vão se abrindo para mim o tempo todo e eu estou sempre fazendo novos trabalhos. (A vida se abre pra mim de uma maneira muito legal, porque eu tô aberto pra ela também.)

Não tenho muita coisa antiga, muita foto, nada, porque eu não quero ficar muito preso ao passado, sabe? É bacana, a história toda é bacana, mas quem vive de passado é samba-canção. Você tem que abrir portas para o futuro e não ficar no passado. O que passou foi bacana, mas eu tô muito de olho no que está vindo por aí.

Roberto Menescal (2003)

O que dizer de você

Paulo Coelho:

Até hoje, eu considero o Menescal o meu melhor amigo.

O começo da minha amizade com o Menescal foi uma inimizade. Ele era o executivo, o cara que todos os artistas sempre interpretavam como alguém que representava o sistema. Então, ele não tinha nem mesmo a minha simpatia.

Aí, em maio de 1974, aconteceu uma tragédia na minha vida: eu fui preso. E quando saí da prisão, ninguém me estendeu a mão. (Naquela época, todo o mundo esperava ser preso por motivos políticos ou por causa de alguma suspeita, por isso acharam melhor não se aproximar de mim.) Menescal, que eu não conhecia bem, naquele momento disse:

– Paulo, por que você não vem trabalhar aqui na PolyGram?

Eu acabei indo trabalhar com ele. Uma pessoa que te estende a mão nesse momento é inesquecível. Mas não se limita a isso. Pouco a pouco fui me integrando com ele e isso simplesmente acabou salvando a minha vida mental. O Menescal começou a me ensinar valores que a minha mãe tinha me ensinado, que o meu pai tinha me ensinado, só que a gente vai vivendo e vai esquecendo, feito lealdade, amizade, tolerância...

Pouco a pouco fui virando amigo do Menescal, a amizade foi crescendo, e ele me abriu muitas portas. Quando eu entrava em parafuso, ia para lá e ele sempre tinha a palavra certa, a coisa certa, o momento certo. Ele sempre estava ali – e está ali – para me ajudar.

Com Paulo Coelho na comemoração dos seus 40 anos de carreira (2000)

Menescal é um cara respeitadíssimo no mundo inteiro. Onde você vai – e eu não estou falando porque Menescal é meu amigo – tem a música dele. Você não sabe a alegria e o orgulho que me dá hoje em dia, quando vou a qualquer lugar e escuto alguma música do Menescal.

Menescal é um cara de bem com a vida e ele tem um senso de humor maravilhoso! Ele curte uma bromeliasinha, curte um jardim... E eu não entendia isso. Às vezes, eu dizia: "Menescal, não é possível, a graça de ser famoso é você poder ir a festas, encontrar todo o mundo". Resultado: eu "menescalizei" sem saber. Hoje em dia, quando me vejo, estou aqui no meio de lugar nenhum, no campo, e passei a ver a vida também com esses olhos.

Vou citar alguns episódios dos quais me lembro.

Ultrapassando barreiras

Eu, como qualquer pessoa, adorava reclamar. Um dia, eu precisava passar um fio na minha sala lá na PolyGram e reclamei pro Menescal que ninguém aparecia para resolver o problema do fio pra mim. Aí, ele disse assim:

– Então tá, tudo bem, amanhã a gente vai lá e resolve isso.

No dia seguinte, ele chegou à PolyGram com uma furadeira e furou a parede (imagine só, ele era um diretor da PolyGram e estava lá furando a parede pra mim!). Eu fiquei muito admirado, porque estava criando uma complicação muito grande para uma coisa tão simples! Ele furou a parede e me deu a furadeira – que eu guardo com muito carinho até hoje – porque, pra mim, ela simboliza ultrapassar barreiras.

Buscando a lenda pessoal

Em abril de 1977, eu disse:

– Chega, não quero mais trabalhar na PolyGram, não é a minha lenda pessoal. Vou pedir demissão. (Nesse momento, eu já estava com a minha vida salva porque já tinha recuperado a autoestima.)

Na época, a minha mulher era a Cecília – que tinha 19 anos e eu 28. Eu disse pra ela:

– Não estou satisfeito com o meu trabalho. Posso viver sem trabalhar, pois tenho os meus direitos autorais.

Como eu sabia que o risco de mudar de ideia no dia seguinte era muito grande, resolvi procurar o Menescal naquela hora – eram 9 horas da noite.

Àquela hora, o Menescal estava na aula de Aikido (fazíamos Aikido juntos). Cheguei à aula, o Menescal estava lutando e me perguntou se eu não ia botar o quimono. Eu disse que tinha ido lá para conversar com ele. Fiquei esperando e quando a aula terminou, ele pegou o carro e disse:

– Vamos pra casa conversar.

Quando chegou lá, ele disse:

– Já sei o que você vai falar. Você vai pedir demissão.

– Exatamente. Vim pedir demissão.

– Só vou te dizer duas coisas: primeiro, vá viajar, porque se você ficar aqui, a tentação de voltar vai ser muito grande. Segundo: você está pedindo demissão e é definitivo, não tem volta.

Menescal é um cara sábio, experiente, e é claro que eu ia obedecer o Menescal. Mas acabou tendo volta, sim, porque eu fui para Londres e depois ele e a Yara foram me buscar lá. O tempo foi passando, voltei a trabalhar com ele na PolyGram – depois saí – e com o tempo, a nossa amizade foi crescendo cada vez mais.

Menescal é uma pessoa muito presente na minha vida. Até hoje, eu considero o Menescal meu melhor amigo. Imagine quanta gente eu conheci no mundo inteiro desde então! Mas ele é uma das minhas poucas referências de comportamento. Menescal é um modelo: modelo de ser humano, de comportamento, de talento. Menescal é um exemplo de vida.

Cacá Diegues:

Menescal [...] uma pessoa da qual só tenho lembranças gratificantes.

Roberto Menescal é um dos músicos mais importantes da música popular brasileira moderna. Como compositor, ele foi um dos principais fundadores da bossa-nova, num estilo pessoal e inconfundível, além de ter sido um de seus principais animadores e líderes.

Menescal participou de diversas formas na trilha de quatro filmes meus: *Quando o carnaval chegar, Joanna Francesa, Xica da Silva* e *Bye bye, Brasil*. Neles, ele ora produzia a trilha, ora também compunha alguns de seus temas. Acho que o mais célebre acabou sendo o tema de *Bye bye, Brasil*, uma parceria sua com Chico Buarque. Mas os temas que ele compôs, arranjou e executou para *Xica da Silva* e *Joanna Francesa* deram a esses filmes a atmosfera e a emoção que eles pediam.

Menescal sempre foi um grande, esportivo e bem-humorado amigo, uma pessoa da qual só tenho lembranças gratificantes.

Lula Freire:

Menescal é uma entidade criativa.

Conheci Roberto Menescal nos anos 50. Fazíamos pesca submarina em Cabo Frio e fazíamos música no Rio de Janeiro.

Ele era uma das pessoas que participava das reuniões na minha casa. Lembro especialmente do Menescal ouvindo um disco da Julie London, no qual tocava um guitarrista chamado Barney Kessel. (Acho que foi a maior influência que o Menescal teve no jeito de tocar.)

Um dia, Roberto perguntou se eu não queria fazer uma letra pra ele e aí começou a nossa parceria. Ele foi um dos meus parceiros favoritos.

Menescal é uma entidade criativa. Você não pode falar de bossa nova sem falar de Roberto Menescal e não pode falar de Roberto Menescal sem falar de bossa nova. Ele é um dos melhores instrumentistas e é um ótimo arranjador. Ao Roberto se deve a chegada da bossa-nova no Japão.

Uma coisa muito boa é que Menescal nunca perdeu as características de comportamento com os amigos e de comportamento musical.

Ele é uma figura muito importante dentro da música brasileira. É importante hoje e será importante sempre.

Solange Kafuri:

Menescal é a pessoa mais generosa que eu conheço na vida.

Primeiro, quero dizer que o Menescal é a pessoa mais generosa que conheço na vida. Ele está sempre pronto para atender as pessoas, seja lá quem for, e trata todo mundo igual. (Uma vez, fomos fazer um show em Natal. O palco foi montado na rua e tinha um caminhão carregando os equipamentos. O show terminou e Menescal ficou ali na rua dando autógrafos, conversando. De repente, ele sumiu e passamos um tempão procurando por ele. Quando fui ver, ele estava atrás do caminhão conversando com um mendigo, dando a maior atenção.)

A segunda coisa que destaco no Menescal é o bom humor: ele está sempre bem. Tudo pra ele está bom.

Terceiro, eu trabalho com ele há quase 15 anos e nunca vi uma atitude dele que não fosse digna. Ele é de uma dignidade a toda prova.

Ele toca muito bem, ele compõe muito bem – ele tem músicas lindas. Ele é um grande compositor, um grande instrumentista e um excelente produtor de discos. Muita gente que hoje tem sucesso começou com ele.

Uma coisa importante é que ele adora o que faz e por isso faz bem. Ele é um cara extremamente realizado na música e faz aquilo que sempre quis fazer na vida.

Giselle Kfuri:

Agradeço sempre a Deus, pelo privilégio de poder fazer parte da sua vida.

Menesca é uma das pessoas mais iluminadas e bonitas que eu conheço. Nesses quase 15 anos de convivência, devo confessar que foi muito "por ele" e "com ele" que consegui crescer profissionalmente e chegar, com dignidade, onde me encontro hoje. Sua serenidade e paz, dignas de um ser humano muito evoluído espiritualmente, diversas vezes mudaram meu modo de pensar, o rumo das minhas decisões profissionais e sempre me deixaram mais confiante e feliz!

Ao seu lado, sinto-me protegida quando devo protegê-lo, tranquila quando eu deveria tranquilizá-lo e, consequentemente, mais forte do que na verdade sou. Agradeço sempre a Deus, pelo privilégio de poder fazer parte da sua vida, contribuindo para que sua música seja ouvida, sentida e valorizada cada vez mais. Menesca, você, além de grande artista, é um grande ser humano! Obrigada por tudo!

Com Giselle Kfuri (2010)

Ivan Lins:

Ele transforma chumbo em fuligem.

Considero Menescal um dos grandes mestres da nossa música.

Ele tem uma fidelidade muito bonita à bossa-nova, mas, ao mesmo tempo, conseguiu fazer uma coisa maravilhosa: não se prendeu ao tempo. Quer dizer, hoje ele consegue divulgar a bossa-nova sem precisar estar atrelado ao tempo. Acho que várias gerações que vieram depois deram uma bela contribuição pra ele. Ele não se fechou num quarto: ele deixou as portas e as janelas abertas.

Chamo Menescal de "terapeuta" pela relação humana que tenho com ele. O Menescal é um homem de bem com a vida. O Menescal é uma janela, uma porta aberta para o sol, não para a chuva. Ele é um homem solar. É uma porta, uma janela andando, deixando o sol entrar o tempo todo. Quando você convive com ele, só o fato de estar perto dele e ouvir o que ele fala, e ver como ele reage e age dentro das situações mais críticas, é uma terapia realmente. A gente começa a aprender muito com ele. Ele é um homem fabuloso, um dos seres humanos mais bonitos que eu conheci na minha vida. Em todos os momentos, ele sempre teve um sorriso, bom humor. Quando a notícia era ruim, ele conseguia transformar aquilo em uma coisa não tão pesada para as pessoas. Ele consegue tirar o peso da pedra. Ele transforma chumbo em fuligem.

Quando conheci o Menescal, tinha uma profunda admiração por ele e fiquei muito surpreendido com a forma como ele falou comigo: como se me conhecesse há muito tempo e com entusiasmo. Na época, eu era uma pessoa muito tímida, desconfiada, medrosa e me senti muito à vontade ali com ele. (Ele tem isso também: sempre que conhece você, passa um entusiasmo a você em relação a você. Quer dizer, na verdade ele está ali "enchendo a sua bola", dando um incentivo surpreendente.)

Menescal recebe as pessoas muito bem. Ele é muito generoso nesse sentido. Com ele, aprendi muito a abrir minhas janelas e portas.

Com Ivan Lins (2001)

Carlos Lyra:

...fizemos muitas coisas juntos.

Roberto e eu fomos colegas de colégio. Ali, ele ficou sabendo que eu tocava violão e foi me procurar. Assim que nos conhecemos, saímos dali para tocar violão. Nesse dia, começou uma grande amizade e dali em diante, fizemos muitas coisas juntos. (No concerto do Carnegie Hall, nós estávamos juntos, já fizemos gravações juntos, ele já produziu discos meus...)

Ele tocava muito menos quando nos conhecemos e eu comecei a ensinar o que sabia pra ele. Claro que hoje ele toca dez vezes mais do que eu!

Menescal sempre gostou das minhas músicas e fez trabalhos com elas. Ele sempre foi um grande admirador meu e eu dele!

Com Carlos Lyra (2005)

André Midani:

Devo muito ao Roberto, como amigo e como colega.

Conheci Roberto no final da década de 50. Nos encontrávamos com muita frequência no meio musical e cheguei a acompanhá-lo algumas vezes na pescaria.

Pouco a pouco, nasceu uma profunda amizade entre nós. Tanto que o primeiro *long play* de bossa-nova que eu gravei numa companhia fundada por mim, chamada Discos Imperial, foi com Roberto, pois achei ser a pessoa perfeita para organizar esse tipo de coisa. Foi um disco muito bem-sucedido, muito bonito e muito bem gravado para a época. Aí, fui embora para o México e quando voltei, encontrei o Roberto como diretor musical da Elis Regina, que era uma contratada da companhia que eu dirigia.

Convidei o Roberto para trabalhar comigo, ele entrou como produtor e depois se tornou diretor artístico. Ele era um profissional muito organizado, muito musical e muito sério.

Fomos sempre muito amigos. A vida nos separou quando eu saí da PolyGram, mas nos encontramos de vez em quando e temos um grande carinho de amigos e colegas de trabalho um com o outro. Devo muito ao Roberto, como amigo e como colega, e não tenho a menor dúvida quanto a isso. Ele foi sempre uma pessoa ímpar ao meu lado, um grande conselheiro nas horas boas e nas mais difíceis.

Miele:

Quem trabalha com Roberto Menescal nunca mais deixa de trabalhar com ele.

Sou paulista e na rádio em que trabalhava como locutor, em São Paulo, só tocavam duas músicas de bossa-nova: "Chega de saudade" e "Lobo bobo". Essas eram as únicas músicas de bossa-nova que eu conhecia.

Fui contratado pela TV Continental do Rio de Janeiro e assim que cheguei como diretor de estúdio, o pessoal da TV disse:

– Olha, marca uma entrevista com o pessoal "dessa tal de bossa-nova".

Perguntei a uns jornalistas:

– Quem é que cuida dessa tal de bossa-nova?

Me deram o nome de Ronaldo Bôscoli, o "agitador" da bossa-nova. Liguei para ele na revista *Manchete*, mas ele não estava lá. Ele estava na casa da Nara. Liguei para lá e marquei uma entrevista para o dia seguinte com o pessoal "dessa tal de bossa-nova".

Naquele dia foram Menescal, Nara Leão, Chico Feitosa, Luiz Carlos Vinhas e Ronaldo Bôscoli. Eles sentaram num sofá e eu achei muito desconfortável tocar violão sentado no sofá. Então, peguei uns banquinhos e, segundo Menescal, por causa disso eu sou o responsável pela "maldição do banquinho", porque é muito desconfortável tocar sentado em um banquinho! Nem sempre os lugares onde vamos tocar têm bons banquinhos, mas o banquinho acabou virando um símbolo da bossa-nova.

Menescal continua fiel à bossa-nova. Menescal é respeitadíssimo em todo o meio musical, uma pessoa a quem ninguém diz não. Ele é muito generoso, faz um trabalho seriíssimo, honestíssimo e quem trabalha com Roberto Menescal nunca mais deixa de trabalhar com ele. É um artista, um amigo, um compositor, um arranjador a quem todo o mundo sempre pede socorro.

Menescal me ensinou a mergulhar. Eu me afoguei uma vez em São Paulo; foram me buscar debaixo d'água, apagado. A partir daí, fiquei com uma "neura" absoluta de água. Mas uma vez, lá no Rio de Janeiro, fomos a Cabo Frio. Todo o mundo pulou na água, mergulhou e eu fiquei no barquinho, com medo, me sentindo péssimo ali. Ele voltou para o barquinho e falou:

– Miele, você vai botar o pé de pato e a máscara, e vai ver que é tão difícil afundar que você vai perder o medo.

Aí, ele foi lá do meu lado, me dando as coordenadas, e a partir daí comecei a mergulhar. Essa é uma coisa que ele me ensinou, me proporcionou.

Oswaldo Montenegro:

...tenho uma alegria imensa (...) de ser um grande amigo dele.

Em primeiro lugar, Menescal é um homem fiel. As amizades do Menescal são fundas, são longevas. Então, eu tenho uma alegria imensa – e que tangencia o orgulho – de ser um grande amigo dele.

Além disso, Menescal é um mestre em diversos pontos de vista. Primeiro, porque ele é um mestre da música, profundo conhecedor da harmonia (ele é uma das pessoas que mais sabe harmonia, que mais tem talento para harmonia). Segundo, ele é um mestre do *show business*, porque Menescal foi testemunha e agente de todos os movimentos importantes do Brasil; não há movimento, não há setor cultural brasileiro em que você não encontre Roberto Menescal. Em terceiro lugar, ele é um mestre das plantas e da pesca, um mestre das bromélias. Então, um homem que tem na sua alma a música, a planta e o mar; e um homem que tem que ser respeitado.

Tem uma coisa muito marcante na minha vida que aconteceu quando ele era diretor da PolyGram e que fez com que eu "me jogasse" na amizade com ele: Menescal foi a primeira pessoa do *show business* que eu vi dizer "não". (Porque no show business todo o mundo diz sim e depois some; mas na hora todo o mundo diz sim; você apresenta um projeto no lugar que for e vão dizer "ok, não me liga, não; deixa que eu te ligo depois" e somem). Levei um projeto para o Menescal e ele disse não, evitando com isso que eu ficasse com o meu tempo alugado com esperanças vãs. E quando ele disse não pra mim, eu disse "vou ser seu amigo pra sempre". Então, a minha amizade com o Menescal começou com o fato de ele ter tido o caráter, a nobreza e a gentileza de me dizer um não para não me deixar com expectativas vãs.

Oscar Castro Neves:

Menescal me é um amigo muito precioso.

A nossa amizade é muito longa e continuamos muito amigos – apesar da distância, porque eu moro nos Estados Unidos e ele no Rio de Janeiro. Trabalhar com o Menescal é sempre uma aventura boa. Não só a amizade é longa, como a comunicação e o trabalho continuam vivos.

Uma palavra boa para definir o Menescal é integridade. Menescal é íntegro. Ele é bom, honesto e ajuda as pessoas.

Ele não só é um compositor e um músico da maior importância no meio musical brasileiro, mas também, como diretor, colaborou muito para a indústria da música. Tiro o chapéu pro Menescal em vários campos diferentes.

Tem uma anedota verdadeira que o Menescal

Com Oscar Castro Neves (2005)

conta e eu reconto encabulado: eu e os meus irmãos tínhamos um conjunto – o Conjunto Castro Neves – e o meu irmão mais velho chamou o Menescal para ir até a nossa garagem. Eu estava trabalhando no escritório e quando cheguei, eles já estavam tocando. Não conhecia Menescal. Eu simplesmente cheguei, arranquei o violão do Menescal e comecei a tocar sem dizer alô nem nada!

Quero registrar aqui que tenho uma grande estima, um grande carinho profissional e pessoal pelo Menescal. Menescal me é um amigo muito precioso.

Leila Pinheiro:

Ele é um mestre.

Conheci o Menescal em 85, no dia seguinte ao Festival dos Festivais, onde eu cantei a música "Verde", quando minha carreira ganhou mais visibilidade. Depois do festival, fui me encontrar com pessoas de duas gravadoras diferentes. Fui à primeira reunião e não fechei nada; fui me encontrar com o Menescal e fiquei encantada com a firmeza, com a transparência daquela pessoa que eu não conhecia – só conhecia um pouco da obra e sabia que era uma pessoa rara dentro da música. Eu ainda era muito tímida e não falei praticamente nada no nosso primeiro encontro.

Ele acabou me levando a assinar meu primeiro contrato com uma gravadora. Em 89, começamos a gravar o *Benção bossa nova*, que foi o trabalho que alavancou a minha carreira de forma definitiva. Rodamos o Brasil com esse show e ele me levou ao Japão pela primeira vez.

Enquanto isso, fomos construindo uma amizade muito grande, de troca profunda e muita confiança. Um ponto que nos une é o amor aos bichos e à natureza.

Em show com Leila Pinheiro (2008)

Ele sempre foi uma grande referência pra mim. Mesmo nas piores horas, ele tem um perfil harmonioso e iluminado.

Menescal é um grande amigo e uma das pessoas mais importantes da música brasileira. Ele é um mestre.

Wanda Sá:

Ele é um presente de Deus na minha vida.

Eu me encontrei com Menescal pela primeira vez no show *A noite do amor, do sorriso e da flor*. Eu tinha 16 anos. Fui pedir um autógrafo, mas estava sem o meu caderninho de autógrafos e ele escreveu o telefone dele na minha mão. Fiquei toda prosa com aquilo e nem queria lavar a mão!

Consegui uma aula com ele e a nossa relação começou assim. Tudo o que sei de música aprendi com ele. Depois, nos tornamos amigos e, finalmente, parceiros de palco. (Em 2009, celebramos 20 anos de parceria de palco.) Em 1964, ele produziu *Vagamente*, o meu primeiro disco como cantora – que também foi o primeiro disco dele como produtor. E agora, finalmente, somos parceiros de música porque tenho feito letras para as músicas dele. Fiz uma letra em que falo um pouquinho sobre tudo o que aprendi com ele: de como aprendi a gostar de acordes, buscar harmonias mais elaboradas, enfim, do amor pelo violão e pela própria música.

Ele é a pessoa mais ética que conheço. É sempre muito bem-humorado e continua humilde como quando eu o conheci. É muito gostoso trabalhar com ele, porque é atencioso com todo o mundo. (Ele chega num lugar – seja no Brasil ou fora – e vai cumprimentar todo o mundo, inclusive o técnico de som.) Ele é uma pessoa realmente muito especial. Tenho orgulho de ser parceira dele, de dividir com ele palco, alegrias, música. Ele é um presente de Deus na minha vida.

Com Wanda Sá, Henri Salvador, Carlos Lyra e Marcos Valle (2005)

Marcos Valle:

Ele sempre esteve perto de mim para me aconselhar, para me dar força.

Quando apareci na música – eu sou da segunda geração da bossa-nova – um dos meus grandes ídolos era o Menescal. Eu conheci o Menescal na casa do Lula Freire e desde o início ele foi uma pessoa muito carinhosa comigo. Ouvindo as minhas músicas, ele se tornou meu fã – o que foi ótimo, porque eu era um imenso fã dele – sem nenhum espírito de competição. Ele me ajudou muito desde o início.

Quando mostrei pra ele a música "Samba de verão", ele disse que ia ser um estouro! Ele sempre esteve perto de mim para me aconselhar, para me dar força. Depois de certo tempo, passamos a trabalhar juntos e é muito tranquilo fazer shows com ele.

Com Carlos Lyra, Marcos Valle e João Donato (2008)

Eu sou fã dele, ele é meu ídolo desde o início. Ele é meu grande amigo.

Menescal tem uma coisa muito interessante com a qual me identifico totalmente: ele gosta de trabalhar, não para de trabalhar, faz projetos e mais projetos, lança cantoras, sai pelo Brasil afora... Isso é bom pra ele e é bom pra música. Ele é um cara que cada vez toca melhor aquele violão. Ele é muito aberto a ouvir coisas novas e muito atento a tudo o que está acontecendo na música.

Ele é uma pessoa sempre positiva, que quando tem pra falar, fala mesmo! Ele não fica passando a mão na cabeça de ninguém. Por isso, eu gosto muito dele.

2ª foto: Acervo Pessoal de Roberto Menescal (Livio Campos)

Marcio Menescal:

Eu sempre tive o meu pai como ídolo em todos os sentidos.

Tenho muita sorte de ter como pai uma pessoa tão iluminada. Ele passa uma calma muito grande para as pessoas e isso sempre me fascinou nele. Eu sempre tive o meu pai como ídolo em todos os sentidos.

Desde pequeno, sou fascinado por música e sempre queria ficar junto dele quando ele tocava com os amigos em Ipanema. Quando eu era bem pequeno – não tinha nem dez anos de idade – pedi a ele para ver uma gravação. Ele estava produzindo um disco da Elis Regina e me levou para São Paulo – foi a minha primeira viagem de avião. Assisti à gravação da música "Romaria" e isso me marcou muito, porque na hora que entrei no estúdio e vi aquela mesa com milhares de botões, achei que aquele cara que mexia naquela mesa fosse o cara mais "fera" do mundo. Foi aí que resolvi que a música seria a minha vida. Tive algumas bandas, tocava no colégio. Depois, comecei a trabalhar na Rádio Manchete e, mais tarde, fui trabalhar com o meu pai.

Sempre gostei muito da bossa-nova. A gente sempre tocou em casa. Ele me ensinou muita coisa, mas nunca pensei que fôssemos dividir um palco. Com o BossaCucaNova, ficamos juntos no palco e, nos primeiros shows com ele na Europa, na nossa primeira turnê, várias vezes eu me via chorando, muito emocionado de estar ali tocando ao lado dele. O meu pai é uma pessoa muito especial.

Claudio Menescal:

É impressionante como ele é especial para as pessoas!

Fico muito feliz de ser filho dele, porque ele é uma pessoa muito especial. Só posso falar bem dele. Eu sou o filho caçula e, por estar morando distante (em Florianópolis), consigo vê-lo de forma um pouco mais globalizada. Tenho meus pais como meus grandes ídolos. O meu pai é uma pessoa muito especial, meio guru das pessoas, sabe? É impressionante como ele é especial para as pessoas!

Pra ele não existe problema, ele deixa as coisas rolarem. Ele diz pra mim: "E aí, filhão, vai pegar o violão?". Mas não fica me cobrando isso. Se eu pedir para me ensinar uma música, ele vai ter todo o tempo do mundo, toda a paciência pra me ensinar. Além de meu pai, ele é meu ídolo e mestre. Eu não escolheria outra pessoa para ser meu pai.

Quando ele trabalhava na PolyGram, fiquei muito próximo dele. Naquela época, ele acabou "fugindo" um pouco da música (claro que ele continuou trabalhando com música, mas cuidando da carreira de outros artistas e tal). Eu devia ter uns 15 anos e íamos todos os fins de semana a uma casa de campo que tínhamos em Itatiaia. Acho que essa foi a fase mais estressante da vida dele. Íamos procurar planta: entrávamos no mato e íamos atrás das orquídeas, depois das bromélias.

Ele tem uma energia muito boa: quem tem na vida as plantas e a música só pode transmitir coisas boas...

Adriana Menescal:

Eu tenho uma sorte enorme de ter um pai assim.

Sou a filha mais velha. Ele fez uma música com o meu nome e eu só fui descobrir isso com 14 ou 15 anos, porque ele se esqueceu de contar pra mim! Eu estava com uns amigos (estava aprendendo a tocar violão) e falaram pra mim:
– Adriana, a sua música é linda!
– Minha música?

E tocaram "Adriana". Quando cheguei em casa, ele disse:
– Ih, filha, fiz quando você nasceu. Esqueci de te contar...

A nossa relação e muito proxima, superafetuosa. Até a minha adolescência, me lembro das várias vezes em que meu pai ia pro meu quarto mostrar as músicas, tocar para eu dormir.

Eu tenho uma sorte enorme de ter um pai assim. É um pai que está sempre me apoiando; às vezes, ele não precisa nem falar, só com um olhar, eu vejo que ele está sempre ali para o que eu precisar. É uma pessoa muito presente na minha vida; a gente gosta de muitas coisas em comum: plantas, bichos, mergulho (ele foi um dos pioneiros do mergulho no Brasil. Desde que eu era pequena, a gente ia à praia; então comecei a mergulhar desde cedo), a música (eu adoro música, mas toco muito mal).

Com a filha Adriana e o neto Pedrinho (2005)

Ele é um avô muito próximo. Meu filho, Pedro, é alucinado pelo avô. Ele também adora plantas, música (vai aprender a tocar violão). Ele vai para lá e os dois ficam conversando durante horas sobre vários assuntos, cuidando do jardim. Então, ele é um pai maravilhoso e um avô maravilhoso e muito próximo.

É tanta coisa para falar sobre ele! Uma vez, uma jornalista me perguntou:
– Como é ser filha do Roberto Menescal?
– Ele é meu pai. Então, antes de ser um ícone da bossa-nova, ele é meu pai.

Para mim, não tem diferença entre o Roberto profissional e o Roberto meu pai, até porque quando está no palco, ele não muda. Eu olho para o palco e vejo o meu pai tocando violão. Adoro quando ele canta, adoro a voz dele; eu gosto do jeito carinhoso, sereno que ele toca. Então, eu não vejo meu pai como um ícone, mas sim como meu pai.

Yara Menescal:

Eu sou casada com uma pessoa muito especial.

Ele é uma pessoa muito tranquila, que passa uma paz, uma confiança muito grande. Existe muito respeito entre nós, no sentido de cada um ter o seu espaço.

Quando conheci Roberto, ele estava no auge da bossa-nova. Na época, eu morava em Botafogo e pegava lotação para ir a Copacabana. Aí, ficava naquela praia pegando sol e jogando frescobol. Um dia, eu estava jogando frescobol, Roberto passou e deu aquela "cantada". Jogamos um pouquinho e ele me convidou para assistir a um show que estava fazendo com a Norma Bengell. Ele foi fazer outro show, me chamou... E foi aí que a gente começou o nosso amor.

Para mamãe era a morte estar namorando um artista que aparecia na televisão. Aí, tinha um pouco de pressão. Roberto não era um namorado comum: ele me pegava às 10 da noite e aí, a gente ia pra casa da Nara. Mamãe e papai começaram a criar pressão, até que Ronaldo Bôscoli ligou para a minha casa – sem Roberto saber – se passando por ele e me pediu em casamento. Roberto quase matou o Ronaldo. Depois do pedido de casamento, tudo ficou certo para mamãe e eu podia chegar em casa mais tarde...

Mamãe queria conhecer um pouco a profissão do Roberto, então foi ao show *A noite do amor, o sorriso e a flor*, sem me falar nada. Depois, numa foto que um jornalista mandou pra gente, vi mamãe no meio da multidão.

Com Yara e os netos Ana Cecília, João Pedro e Mateus (1998)

No começo, Roberto pescava muito. Ele ia pescar com Ronaldo e, aos pouquinhos, Nara (que era noiva do Ronaldo) e eu fomos nos "infiltrando". Eu era muito esportiva e Nara era uma pessoa simples que adorava essas coisas diferentes. A gente ia muito a Cabo Frio.

Quando fui casar, minha mãe quase se matou, porque eu sou filha única e ela queria uma festa. Eu disse:

– Nem pensar, eu quero sair da igreja e ir para Cabo Frio!

Resolvi que queria sair do meu casamento de jeans, ir para Cabo Frio e vestir a minha roupa de mergulho.

Eu sou casada com uma pessoa muito especial que tem defeitos sim, mas são pouquíssimos em relação às suas qualidades.

Agradecimentos da Autora

Primeiramente, agradeço aos meus pais, Marisa e Marcelo, e ao meu irmão, Álvaro, que tanto colaboraram e me apoiaram enquanto trabalhava neste projeto. Agradeço à minha querida família, por sempre ler com tanto carinho o que escrevo.

A Roberto Menescal, por ter permitido que eu escrevesse sobre sua vida e ter me dado todo o seu apoio e colaboração desde o início em todas as etapas do meu trabalho.

Agradeço a toda a equipe da Editora Irmãos Vitale, especialmente ao meu editor, Fernando Vitale.

A Solange Kafuri e à família de Roberto Menescal, por toda a colaboração com o meu trabalho.

A Paulo Coelho, uma das primeiras pessoas a ler meu livro e que me presenteou com o seu emocionante prefácio.

Ao diretor de cinema, Paulo Henrique Fontenelle, parceiro de projeto.

A colaboração dos amigos e familiares de Roberto Menescal, que me contaram histórias que enriqueceram este trabalho: Paulo Coelho, Cacá Diegues, Lula Freire, Solange Kafuri, Giselle Kfuri, Ivan Lins, Carlos Lyra, André Midani, Miele, Oswaldo Montenegro, Madalena Salles, Oscar Castro Neves, Leila Pinheiro, Wanda Sá, Marcos Valle, Marcio Menescal, Claudio Menescal, Adriana Menescal, Yara Menescal.

Agradeço a todos aqueles que de algum modo me apoiaram, incentivaram e torceram por mim. São muitos amigos, conhecidos e outras pessoas que, embora não tão próximas, sempre querem oferecer seu carinho. Certamente, cada um de vocês está no meu pensamento e será lembrado com carinho.

Finalmente, agradeço a você, leitor, que me dá a oportunidade de mostrar este trabalho.

Contato com a autora:
b.fonte@bol.com.br